PREPARAÇÃO: Jessyca Pacheco
REVISÃO: Maitê Zickuhr e Fernanda Simões Lopes
PROJETO GRÁFICO E DIAGRAMAÇÃO: Nine Editorial
CAPA: Beatriz Borges
IMAGEM DE CAPA E ILUSTRAÇÕES: Rafaelly Lacerda (@peixe.foradagua)

DADOS INTERNACIONAIS DE CATALOGAÇÃO NA PUBLICAÇÃO (CIP)
ANGÉLICA ILACQUA CRB-8/7057

Albuquerque, Iandê
Talvez a sua jornada agora seja só sobre você / Iandê Albuquerque. - 2. ed. - São Paulo : Planeta do Brasil, 2024.
160 p.

ISBN 978-85-4222-664-5 (Pocket)

1. Autoconhecimento 2. Desenvolvimento pessoal I. Título

24-1509 CDD 158.1

Índice para catálogo sistemático:
1. Autoconhecimento

MISTO
Papel | Apoiando o manejo florestal responsável
FSC® C112738

Ao escolher este livro, você está apoiando o manejo responsável das florestas do mundo

2026
Todos os direitos desta edição reservados à
Editora Planeta do Brasil Ltda.
Av. Paulista, 854, 2º andar - Bela Vista
São Paulo - SP - CEP 01310-913
www.planetadelivros.com.br
faleconosco@editoraplaneta.com.br

talvez a sua jornada agora seja só sobre você

iandê
albuquerque

2ª edição
9ª reimpressão

Outro Planeta

este livro é dedicado a você que precisou se reencontrar durante o seu processo. independentemente de como tenha sido difícil a sua jornada e do que precisou suportar pra superar algo. te dedico este livro como um agradecimento por você não ter desistido de si.

TALVEZ A SUA JORNADA AGORA SEJA SÓ SOBRE VOCÊ.

um amigo me falou essa frase em uma conversa que tivemos sobre o meu cansaço e a minha revolta com as relações líquidas, e, desde então, carrego ela comigo.

porque sim, às vezes a gente só precisa enxergar que talvez o momento que a gente precisa passar é só nosso.
o trajeto, a bagagem, o processo como a gente lida com os finais, como a gente se transforma, como a gente sobrevive às nossas quedas e, mais do que isso, como nos permitimos viver depois.

talvez o caminho que você precisa passar agora não seja sobre o amor dos outros, talvez seja sobre o amor por você mesmo, talvez seja sobre você, sobre você se pegar no colo e te levar a lugares que te fazem ter a sensação de que você está completo e que não precisa do amor de alguém específico pra se sentir querido e amado.

talvez a sua jornada seja sobre você se dar as mãos e se levar pra viver novas experiências, pra sorrir de novas maneiras, pra aprender novas coisas, sentir novos ares, pra desbravar o mundo lá fora e redescobrir o que você tem por dentro.

e aprender a amar o interior também.

talvez agora não seja mais o momento de você procurar alguém pra oferecer o seu afeto, alguém pra te fazer um cafuné, pra te levar um café, pra dividir o cobertor e as séries, e filmes, e músicas, e o fone de ouvido. enfim, talvez agora seja o momento de você parar com você mesmo, de se olhar nos olhos e se compartilhar com você.

talvez seja o momento de você parar um pouco pra respirar, sabe? pra priorizar aquilo que você sempre quis fazer. seus planos e projetos pessoais.

não tem nada perdido. é só a vida te apresentando uma nova possibilidade pra você encarar e seguir em frente. lembra daquela viagem que você sonha em fazer? aquele curso de línguas que você sempre desejou? aquele lugar que você sempre sonhou em conhecer e tirar aquelas fotos bacanas? então, talvez agora seja o momento de você focar em você. de você aproveitar o seu tempo pra realizar o que sempre quis.

talvez a sua jornada nesse momento não seja sobre o amor, mas sim sobre você. sobre você se dar o amor que tanto oferece pros outros. sobre você ter coragem de aceitar que o que não serve mais precisa passar, e que você vai ficar com você.

talvez a sua jornada agora seja sobre isto.

sobre
você
ficar
com
você.

EU QUERIA TE DIZER ALGUMAS COISAS ANTES DE VOCÊ INICIAR A LEITURA DESTE LIVRO.

falar sobre a nossa jornada é falar também sobre aquele medo de dar os primeiros passos pra seguir em frente, sobre tudo o que a gente sente ao longo da nossa caminhada de mudanças: insegurança, saudade, machucados. sobre todos os sentimentos que a gente encontra dentro da gente e sobre como é difícil o processo de ressignificar alguns e se desfazer de outros.

sobre o processo de se curar, de amadurecer e de entender o momento em que a gente precisa da gente.

porque todo mundo fala "vai ficar tudo bem", mas o que ninguém fala é o quanto você vai se sentir insuficiente até ficar tudo bem. e o quanto você vai olhar pra si mesmo e não vai se enxergar, e o quanto tudo isso dói.

mas a única certeza é de que no final, sim, fica tudo bem. e este livro é sobre isso.

TALVEZ A SUA
JORNADA AGORA
SEJA SÓ SOBRE
VOCÊ!

POR QUE O CARACOL?

este livro também é sobre os nossos
processos de autoconhecimento.

a escolha do caracol como personagem do livro simboliza
esse processo. que, às vezes, é lento e demorado mesmo.

o caracol é você.
sou eu.
todos nós.

ele carrega consigo a sua própria casa
e o peso de ser quem se é.
o seu casco também é a sua proteção.
faz parte dele.
como todas as nossas inseguranças, nossos medos, erros, e
todas as nossas tentativas fazem parte da gente também.

este livro é sobre tornar as coisas mais leves.
sobre transformar os nossos pesos em força.

você é a sua própria casa.
você é capaz de seguir em frente.
de assumir os processos.
de respeitar o seu próprio tempo.
e de ter coragem pra se aventurar numa jornada sobre você.

o caracol representa essa coragem de continuar, independentemente de como sejam os seus passos. às vezes, o processo precisa ser lento pra que você não tropece em si mesmo. pra que você aprenda a se levar com mais perdão, respeito e cuidado. pra chegar até onde você deseja.

QUERO TE DIZER QUE O QUE DOEU UM DIA VAI PASSAR.

a ponto de você acreditar que um dia você duvidou que iria sarar. e que as tuas marcas não podem te parar de ser quem você é ou de simplesmente viver o que precisa viver.

sempre que tenho medo,
eu digo pra mim mesmo: a vida é uma só.

porque melhor ter a experiência de ter vivido algo que eu queria viver naquele momento do que sentir o vazio de algo que eu queria muito tocar, mas que deixei passar por medo de que aquilo arrancasse um pedaço de mim. como se eu não tivesse sobrevivido a tantas quedas, e renascido a tantas mortes, e me juntado por inteiro, e me reencontrado ainda mais forte depois de tantos pedaços que levaram de mim.

a vida é uma só. e talvez você só precise viver.
viver sem pensar tanto nas possibilidades de dar errado, porque elas existem da mesma maneira que existem as possibilidades de dar muito certo.

e você precisa viver.

viver pra entender que o teu corpo vai ser casulo pra te guardar nos dias em que você precisar, e que os teus pés vão te guiar pro melhor caminho quando você se

sentir perdido (e esse caminho será teu próprio peito).
e você vai aprender a ser cura diante dos
dias em que a tua insistência e teimosia te
fizeram arrancar a casca das tuas feridas.

e você vai perceber que na curva do teu sorriso
alguém vai parar e pedir pra ficar, e você vai
entender que sorrir faz parte de você como todas
as dores que te fizeram chorar um dia.

o que eu quero te dizer é que o que te doeu um dia vai
passar. e as tuas marcas não podem te parar de ser quem
você é, ou de simplesmente viver o que você quer viver.

então, só vai!
e se der medo, vai com medo mesmo.
porque você é capaz de fazer coisas incríveis.
você é capaz de sobreviver a dias difíceis.
você é capaz de continuar sorrindo, e contando suas histórias, amando e recebendo o amor que merece.

SOBRE TER SENTIDO TANTA SAUDADE DE ALGUÉM A PONTO DE PERCEBER QUE, NA VERDADE, EU ESTAVA SENTINDO FALTA DE MIM.

eu queria direcionar todo o meu afeto, atenção, respeito e tudo de lindo que eu tô sentindo pra alguém que realmente tivesse interesse em receber, sabe? e eu não estou te culpando pela sua falta de desejo, ou pelo teu excesso de desapego.

eu só preferiria que tudo isso que eu sinto agora tivesse como destino alguém com interesse em receber. todo esse meu gostar com cuidado, toda essa minha ânsia de te acompanhar, e te conhecer, e desbravar o teu mundo, e compartilhar o meu com você. toda essa vontade que cresce a cada minuto que eu não só te olho, mas também te vejo, toda essa coragem que eu tô sentindo de entregar nas tuas mãos o que eu guardo comigo e olhar nos teus olhos, e te convidar pra gente estimular essa energia em forma de afeto. toda essa potência que eu sinto no meu peito e que eu queria que você sentisse o mesmo.

eu sei que talvez eu queira demais.
ou talvez, você que queira de menos.
e, diante disso, eu preciso recolher tudo.

e é por isso que eu digo: eu só queria destinar tudo de lindo que eu tô sentindo pra alguém que realmente tivesse interesse em receber.

mas eu tropecei em você. e no meio da minha rotina, dos meus dias corridos e das minhas crises, eu ainda encontrei um tempo pra gostar de você.

eu sempre falo quando eu sinto saudade de alguém, e eu acho que quando alguém sente mesmo saudade da gente, aquela saudade que aperta o peito e faz a gente dizer que quer estar junto, sabe? quando a gente sente essa saudade, a gente arruma um jeito de dizer. e quando o outro não diz, a gente percebe que, talvez, a saudade só tenha um destinatário.

você entrega, mas nunca recebe de volta.

e eu não sei o que dói mais, exatamente.
se é sentir saudade e guardar pra si, ou sentir saudade sabendo que você não é a saudade de alguém.

me desculpa a palavra, mas às vezes é melhor você enrolar a saudade e socar no... que dizer o que sente e perceber que o outro não se importa tanto assim.

por várias vezes eu percebi que eu sentia saudades de mim, não do outro. porque quando a gente sente saudade do outro, a gente não tem medo de dizer, porque não existe dúvida, não existem joguinhos de desinteresse, não existe nada que faça você pensar: *melhor guardar pra mim que expor o que sinto*. porque você sabe que o outro não vai te machucar ou simplesmente ignorar o que você sente.

quando alguém está realmente contigo, você se sente leve e livre pra expor o que você sente, e não existe nada mais bonito e sincero do que você esvaziar o peito de saudade dizendo: *tô com saudade de você*. e encher o peito de afeto de volta com a resposta: *eu também, vamos nos ver?*

quando você tem dúvida, você sente medo. é uma sensação estranha porque parece que você está escondendo o que sente, porque você entende que não importa muito pro outro. e quando você para pra pensar, parece que você não está sentindo mais saudade do outro, parece que você está sentindo saudade de você.

saudade de quem você era antes de conhecer o outro.

SOBRE EXPECTATIVAS.

a gente fica doente por criar expectativas e esperar que os outros tenham, por exemplo, consideração pela gente. a gente espera que o outro tenha empatia, que nos trate com respeito, que seja sincero ao dizer o que sente, que seja transparente, e quando a gente percebe que o outro não é nada do que a gente espera, a gente se frustra, e se culpa, e sofre, e inicia uma crise de ansiedade e às vezes até de autoestima, tudo porque a gente esperou que o outro fizesse, falasse ou agisse como a gente gostaria, ou como a gente acha que merece. mas as coisas não funcionam assim.

e é por isso que eu sempre lembro a mim mesmo que eu preciso fazer por mim em vez de esperar que os outros façam, porque eu tenho capacidade de me dar afeto, de me dar atenção, de dar aquilo que acho que mereço por ser quem eu sou pras pessoas com quem me relaciono. e além disso, se eu pudesse dar um outro conselho, esse conselho seria: recolha todas as suas expectativas sobre uma pessoa, porque, quando você espera demais, você se decepciona na mesma proporção. porque o outro não vai agir, falar, sentir, transparecer como você. eu sei que é difícil aceitar isso ou simplesmente não ter expectativas, porque inevitavelmente a gente constrói expectativas, por mínimas que sejam. a gente sempre vai esperar que o outro nos trate com o que há de melhor.

às vezes a gente constrói uma expectativa de que o outro gosta da gente só não consegue demonstrar. e então a gente fica ali, esperando por uma demonstração mínima de afeto, desejando que o outro retribua, que seja recíproco, quando, na verdade, a gente sabe que não é.

recentemente eu passei por uma situação em que me percebi construindo expectativas demais e a cada hora que se passava eu me sentia péssimo por não receber o mínimo que eu esperava. eu esperei por uma mensagem de bom-dia, e não recebi. eu esperei receber uma mensagem puxando assunto, ou sei lá, algo que me fizesse enxergar que a outra pessoa estava ao menos interessada em manter contato, sabe? e eu não recebi. eu esperei que o outro me convidasse pra sair como tantas vezes convidou quando tinha interesse, e não recebi o convite. depois de a gente ter se conhecido tão bem e tudo parecer caminhar pra algo tão leve, bonito e intenso, eu esperava ao menos que o outro não me deixasse dúvidas, até porque quando alguém realmente quer a gente, a gente sabe.

mas eu não podia perder o meu tempo dessa maneira. esperando que o outro agisse como eu gostaria. cada pessoa tem a sua forma de se expressar. cada pessoa tem o seu tempo de mandar ou responder a mensagem. e pasme: o mundo não gira em torno das suas expectativas. aceite isso.

eu costumo dizer que se você está em dúvida é porque talvez você já saiba a resposta. e então foi quando eu decidi recolher toda e qualquer expectativa dessa relação. dessa pessoa. na semana seguinte eu fiquei doente, peguei uma gripe e precisei de atenção médica porque, diferente da falta de ar que uma expectativa tinha me causado, essa gripe foi dez vezes pior. e então eu recebi ligações e mensagens da minha mãe, de amigos próximos, e até mesmo de pessoas que não eram tão próximas a mim assim, só não recebi nenhuma mensagem e ligação da pessoa com quem eu estava me envolvendo.

e nesse momento foi que eu percebi o quanto me custaria o peso das expectativas se eu tivesse esperando receber alguma ligação de preocupação do sujeito.

foda-se se não me ligou.
foda-se se não me mandou mensagem.
foda-se se não se preocupou comigo a ponto
de querer saber como eu estava de saúde.
foda-se!

no final das contas, preste atenção, não é sobre você se sentir péssimo por esperar que aquela pessoa faça algo por você, é sobre você reconhecer que as pessoas que realmente estão preocupadas com você vão te procurar. quem tem interesse em você vai demonstrar, e são essas pessoas que estão com você de fato.

melhor aceitar o que o outro é do que tentar esperar por algo que ele nem sequer será. melhor aceitar quando o outro não vai me dar aquilo que mereço naquele momento do que esperar que o outro me ofereça aquilo que ele jamais será capaz de oferecer. ainda que eu não consiga me livrar de todas as expectativas que eu mesmo construo, que ao menos eu tenha consciência de que não preciso me machucar ainda mais, pelo que espero dos outros.

o fardo de você ter receio de se apaixonar de novo
porque alguém te traumatizou é pesado demais.
e você não merece carregar isso.

SOBRE RECIPROCIDADE.

eu percebi que faltava reciprocidade quando eu não consegui lidar com a tua ausência enquanto você não se importava tanto, porque eu odiava ficar sem falar com você, e não ter notificações suas, e não ter a certeza de que você estava bem, e sentir a sua falta, e pensar em te mandar uma mensagem, mas desistir, e querer te marcar em algo e não poder.

tudo isso porque eu percebi que se formou uma distância entre a gente. e não poderia simplesmente ir em busca de algo que cada vez mais, aparentemente, se distanciava de mim. a gente precisa colocar alguns limites pra se passar. e eu, por exemplo, desenhei alguns limites: o primeiro deles é saber até onde eu posso ir, até onde eu consigo enxergar o interesse do outro pra que eu não sinta a terrível sensação de estar invadindo o espaço do outro ou sendo insistente demais. não tem nada pior do que você se ver insistindo em algo sozinho. o segundo, é saber a hora de me recolher. de retirar as minhas expectativas pra que eu não acumule frustrações. porque, se eu começo a perceber que o outro já não está tão interessado assim, não há muita coisa a se fazer a não ser retirar o meu interesse.

eu me interesso por quem se interessa por mim. isso sim é reciprocidade.

existe um outro limite que eu tracei pra que eu aprenda a lidar com o silêncio do outro, porque nem sempre vai vir uma resposta, nem sempre vai vir um diálogo. às vezes a gente só precisa entender que o silêncio também é uma resposta e que ficar em busca de que o outro fale algo, ou simplesmente buscar uma explicação que justifique o fim, é total perda de tempo.

não tente entender o que o outro fez com você, porque isso é a maior perda de tempo que você pode fazer com você mesmo. pra quê ficar remoendo as coisas, tentando procurar respostas e corrigir erros que não são seus? até quando você vai ficar dependendo do outro pra se sentir melhor?

eu caí na real de que eu estava odiando tudo o que eu sentia só pelo fato de sentir que não estava sendo recíproco. só pela dúvida. e enquanto eu odiava o que eu sentia, eu estava também odiando um pedaço de mim que gostava de você, e odiar uma parte de mim que é genuinamente linda só por gostar de alguém que me traz dúvida não parecia ser o certo. isso só me trazia ansiedade e insegurança.

o certo era reformular as minhas prioridades, estabelecer os meus limites e entender que eu não precisava me consumir por um sentimento que você não sentia de volta. e se você não sentia era porque o meu gostar não chegava até você, e não era por falta de dizer, de demonstrar, de querer. não chegava porque você preferiu tomar distância entre mim e você, e a distância trouxe dúvidas, as dúvidas trouxeram medo, e o medo me fez partir.

reciprocidade é sobre você dar aquilo que recebe.
se te dão amor, ofereça o seu melhor. se te derem afeto, entregue o seu. mas se te derem silêncio, afastamento, dúvida, dê a sua distância e indiferença também.
não ser besta com quem te machucou ou com quem não te quer mais não é vingança, é reciprocidade.

QUERO ME PEDIR DESCULPA, POR TODAS AS VEZES QUE ME CULPEI QUANDO NÃO ERA A MINHA CULPA.

e por todas as vezes que me sabotei por coisas que não estavam ao meu alcance.

e por tantas vezes ter duvidado da minha intuição quando, na verdade, eu sabia o que eu sentia.

e por todas as vezes que duvidei da minha capacidade só porque o meu afeto não foi o suficiente pra alguém permanecer.

e por todas as vezes que me submeti a aceitar situações e relações que já não estavam me fazendo bem só porque eu me prendia ao fato de que, um dia, tinham me feito bem.

e por todas as vezes que eu ouvi demais, que dei muito do meu tempo e da minha compreensão e permiti que abusassem disso quando eu deveria dizer: "não!".

e por ter me culpado por coisas que fizeram comigo. e por ter ficado mal por me sentir culpado por isso. e, principalmente, por insistir em me culpar todas as vezes que não consegui superar situações assim no tempo que eu queria.

quero pedir desculpa por todas as vezes que não me desculpei. e por todas as vezes que não assumi a culpa e acabei perdendo pessoas. inclusive, eu mesmo.

desculpa, tá?

CONSIDERE OS SINAIS DUVIDOSOS COMO UM "NÃO", PORQUE SE FOSSE UM "SIM" VOCÊ SABERIA.

sabe qual é o problema? é que, às vezes, essas questões que a gente acaba ficando em dúvida, como em dúvida do interesse do outro. quando a gente não sabe exatamente se o outro quer ou não quer. pensa comigo, quando existe essa dúvida, claramente a pessoa não quer, porque se a resposta fosse sim a gente saberia, concorda?

aqueles sinais que a gente não consegue entender na verdade são um "não" porque se fossem um "sim" a gente facilmente entenderia. é óbvio demais quando o outro quer, quando o outro tem interesse em ficar com a gente.

e é difícil aceitar isso porque mexe um pouquinho com o ego da gente.

às vezes a gente quer, e a gente acha que é tão simples o outro querer de volta. mas não funciona assim e a gente sabe disso. e daí a gente fica naquela dúvida: "será que a pessoa realmente quer?". se a gente já se faz essa pergunta, é porque já existe uma dúvida aí.

e se existe uma dúvida é porque não está claro. e
se não está claro é porque não é um "*sim*".

esses dias eu estava refletindo sobre isso. porque eu comecei a gostar de uma pessoa e de repente percebi que essa pessoa foi se afastando. e é terrível a sensação de você perceber, aos pouquinhos, que o outro parece estar tomando distância, sem dizer, sem diálogo, sem agradecimento, principalmente depois de tanta coisa intensa e linda que vocês viveram.

mas acontece.

aconteceu comigo. eu fui notando coisas pequenas demais e que no final das contas fazem toda diferença pra gente tomar uma decisão. percebi que só eu mandava mensagem primeiro, só eu puxava assunto, só eu enviava umas publicações que me lembravam a pessoa, só eu. parece que você está forçando uma situação, sabe?

e por mais que você não entenda, você fica se
perguntando: *custa nada a pessoa responder, ou dar
atenção, ou querer também, ou demonstrar de volta*?
mas se isso não acontece, a resposta já está bem
óbvia na nossa cara. e a gente até sabe, mas a gente
continua insistindo em acreditar em outras coisas.

eu não queria acreditar que a pessoa que eu queria não me queria mais. mas entendi que era o momento de ir embora quando me perguntei: *será que ele não quer realmente*?

se eu me fiz essa pergunta, é porque eu já sabia a resposta.

eu sei que a gente precisa se expressar, que a gente precisar dizer o que sente ao outro enquanto o outro está ali, mas eu não preciso ficar mandando mensagem, convidando pra fazer alguma coisa, me esforçando sozinho, sabe?

acho que tem um limite de se passar.

e a gente precisa reconhecer quando
a gente chega nesse limite.

e sim, talvez, você não fique tão bem quanto gostaria quando entender isso, mas você vai ficar bem.

NUNCA SE SINTA CANSADO POR TER QUE RECOMEÇAR.

eu sei que é cansativo começar de novo. que é exaustivo a gente ter que encerrar um ciclo e ter que trocar as coisas de lugar, e desprender memórias da parede, e permitir que o tempo descasque a antiga pele até que a nova apareça.

é foda você ter que mudar de rota, ou simplesmente voltar ao início e começar tudo de novo. e dar um novo significado pra tudo aquilo que ficou. e aceitar o fim como um ponto de recomeço.

eu sei que é desgastante todo esse processo de dar um passo de cada vez, porque você tropeça no medo, você esbarra numa insegurança, você pensa: *mais uma vez não deu certo nessa merda.*

bate um cansaço de recomeçar, né? e ter que se abrir de novo depois de ter passado um longo inverno se curando. até se sentir preparado pra receber algo novo. algo que enxergue tuas marcas, mas que jamais pense em abrir novos buracos.

o que eu posso te dizer é: nunca sinta culpa por começar de novo.

voltar nem sempre significa perder. e perder
nem sempre significa que é o fim pra você.
às vezes o fim pode ser um recomeço.

é preciso que aconteça um final pra que a gente
possa recomeçar. então, quando você duvidar da
sua capacidade, recomece pra se reencontrar.
quando você pensar que não consegue superar, recomece
pra sentir tudo até ter coragem pra deixar passar.
quando achar que não merece o melhor do amor, recomece
pra se lembrar o quanto você merece se abraçar.

e, quando se sentir cansado, recomece
pra reaprender a seguir.
ninguém vai pegar na tua mão e te ensinar
como passar pelos seus processos.
você vai ter que aprender isso no cru.

ninguém vai te mostrar como você poderá amadurecer.
você vai aprender isso ao seu próprio lado.
e é exatamente por isso que você precisa
cuidar de você primeiro.

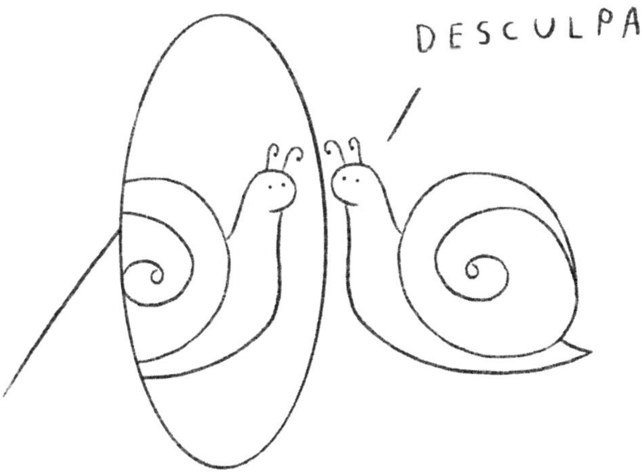

EU SOU A MINHA PRÓPRIA SORTE.

eu quero ter a força de dar o melhor pra mim
da mesma maneira que tento dar o meu melhor aos outros.

quero ter coragem de assumir os meus riscos quando amo
e olhar as minhas cicatrizes como forma de inspiração,
que é pra não pensar em desistir de tocar
e buscar o amor que mereço
nem de mostrar o que carrego comigo pra outra pessoa.

quero poder quando ficar sozinho sentir
que sou o meu próprio abrigo,
ter a paz no peito por ter a certeza de
que eu sou meu próprio colo,
que, quando eu choro, eu me molho pra reflorescer,
que, quando eu me quebro, eu me
reparto de uma parte de mim que
não faz sentido mais eu ter, e me
reconstruo por inteiro de novo.

quero lembrar que eu não preciso
acumular pesos cruéis comigo
e achar que isso faz parte da vida.
quero partir de tudo o que pesa o meu peito,
sem peso na consciência por fazer o certo.
porque às vezes fazer o certo dói mais
do que insistir no erro,
porque o erro faz a gente acreditar em

mentiras e se acostumar com tão pouco.
o certo tira isso da gente, esfrega na cara da
gente o que a gente não precisa aceitar,
arranca da gente o costume, e por isso dói tanto.
porque não é fácil desacostumar.

e eu quero jamais me acostumar com o que dói.

quero sobreviver às partidas e encontrar
a beleza em minha permanência.
e aceitar, mesmo que seja difícil de compreender,
que eu sou o que me resta
no final de tudo,
quando as estações passam,
quando as marcas cicatrizam,
quando a lua entra em escorpião.
como cantou a Luedji Luna,
"eu sou a minha própria embarcação.
sou minha própria sorte".

quero lembrar que as feridas se regeneram.
e por isso não me maltratar enquanto estiver
passando pelos processos das cicatrizes.
e lembrar que tem coisas que só o tempo cura,
mas que às vezes o tempo é generoso com a gente.

as coisas mudam quando você entende
que a vida não é só estar em relacionamentos amorosos.
é buscar equilíbrio, é cuidar de você como
ninguém será capaz de cuidar,
é se importar com a tua saúde física e estabilidade
financeira, e principalmente: terapia.

QUANDO VOCÊ ENTENDER QUE NÃO PRECISA FAZER ESFORÇO PRA SER AMADO, VOCÊ VAI RECONHECER TAMBÉM QUE VOCÊ SÓ PRECISA PERMITIR QUE AS PESSOAS TE CONHEÇAM, O RESTO É COM ELAS.

quem for pra ficar, vai ficar por gostar do que sou. e não existe nada mais legítimo e foda que alguém escolher você por gostar do teu jeito. quem não gostar, eu dou passagem pra partir.

eu não posso me boicotar só porque as pessoas decidem ir embora, ou simplesmente perdem o interesse. sou humano, e é natural que os ciclos se fechem, que algumas relações não durem o tempo que eu gostaria que durassem, que algumas pessoas decidam ir embora.

entender que eu não me torno insignificante só porque alguém que eu queria muito escolheu não seguir comigo. porque isso não depende de mim, não é minha responsabilidade fazer ninguém ficar. a escolha do outro depende exclusivamente do outro.

entender que eu devo permanecer comigo independentemente das impermanências da vida, e me permitir seguir sem carregar pesos que não fazem parte de mim.

eu quero ser amado e admirado por ser eu. porque mereço a leveza da experiência de receber afeto pelo que sou, e não por como tentam me moldar.

eu quero seguir a minha vida carregando comigo as minhas experiências, o meu jeito de enxergar a vida (que com certeza vai se transformar diversas vezes no meio de caminho, não porque eu precisei me moldar pra surpreender alguém, mas sim porque foi necessário pra minha existência e maturidade).

eu mereço ser amado, e esse ato não precisa ser exaustivo. só preciso permitir que as pessoas me conheçam, o resto é com elas.

O MÉRITO DE TER SUPERADO E TER CHEGADO ATÉ AQUI É SEU!

pare de dizer que as relações e as pessoas ruins que você teve serviram de ponte pra que você chegasse até aqui. essas relações só serviram como trauma e peso, quem te trouxe até aqui foi você! a tua força e a tua resiliência! só você merece esse mérito.

as relações e pessoas que te machucaram não contribuíram pra tua evolução, o que te transformou e te fez seguir em frente ainda mais forte foram a tua resiliência e inteligência emocional.

as relações que te traumatizaram e te marcaram de forma ruim só contribuíram pra que você duvidasse de si mesmo, pra que você construísse muros ao seu redor, pra que você petrificasse o teu coração ou tivesse receio de dar e receber afeto outras vezes, em outras relações.

reconheça que o mérito de ter chegado até aqui, ainda com coragem pra amar e ser amor, apesar de tudo, é exclusivamente seu.

ESTABELECER LIMITES É ESSENCIAL PRA QUE VOCÊ TENHA RELAÇÕES LEVES E NÃO ACEITE O MÍNIMO.

por exemplo, existe um mar na sua frente, e você não sabe nadar e você deixa claro isso ao outro. quando você comunica isso ao outro, você está dizendo que o seu limite vai até quando a água bater no joelho, ou no peito, ou no ombro. como você se sentir bem e confortável.

quando você comunica ao outro os seus limites, você está na verdade dando ao outro a possibilidade de respeitar isso e pensar em caminhos pra chegar em algo profundo sem que ninguém se afogue. e o outro pode escolher respeitar isso, ou simplesmente te puxar pra baixo mesmo assim.

mas você tem como escolher, se o melhor caminho é voltar a tocar os pés na areia, ou se realmente vale a pena o risco de tentar boiar sem saber nadar.

estabelecer limites pra que você não se submeta a aceitar qualquer coisa, nem se acostume com o outro a te oferecer tão pouco. pra que você tenha liberdade de ir até onde você acha confortável e permitir que o outro vá até onde te traga paz.

quem você é
é o suficiente.
independentemente de quem não ficou.
independentemente das relações que não deram certo.
mesmo com todas as tentativas frustradas,
mesmo com os erros e as expectativas exageradas.
quem você é
é o suficiente.

EXISTEM PESSOAS QUE NÃO FORAM FEITAS PRA FICAR COM A GENTE. NÃO IMPORTA O QUANTO VOCÊ TENTE, NÃO IMPORTA O QUE VOCÊ FAÇA.

este texto é sobre todas as vezes que eu esperei que as relações durassem mais e esqueci de aceitar o fato de que elas durariam o tempo necessário. é sobre as tantas expectativas injustas que eu coloquei nos outros, ao esperar que preenchessem vazios que só eu poderia preencher, por desejar que me fizessem feliz quando a responsabilidade de me fazer feliz era totalmente e exclusivamente minha. por esperar que os outros fizessem por mim o que só eu teria autonomia pra fazer, por perder o meu tempo exigindo que me dessem amor, quando eu esquecia de dar a mim mesmo.

e foi por essas e outras expectativas que eu não conseguia lidar com o fim, e me frustrava sempre que eu via algo acabar, e me culpava sempre que eu tinha que ver alguém partir.

é que fica uma sensação de que a gente nunca vai encontrar alguém que fique. porque, quando parece que vai dar certo, a gente se vê mais uma vez abrindo a porta e observando mais uma partida. e ter que lidar com o silêncio de algo que parecia ter tanto assunto. e ter que aceitar o fato de reorganizar nossas prioridades. e ter que lidar com os espaços que a gente precisa preencher. e ter que sentir saudade e aprender a não querer de volta, e a compreender que você tem um caminho pra seguir, e precisa segui-lo.

é preciso aprender a aceitar que os ciclos se fecham, pessoas vão embora e a gente só precisa aceitar isso e continuar, sem fazer da nossa caminhada um fardo pesado só porque as pessoas não ficam o tempo que a gente gostaria.

e eu sei também que não faz sentido começar algo sabendo que tudo um dia vai acabar. mas, ao mesmo tempo, eu sei que eu preciso ter a consciência de que as coisas acabam, de que talvez um sentimento tenha um fim, ou se transforme e nessa transformação não seja mais o que quero ou o que mereço, ou o que preciso naquele momento. eu preciso aceitar que uma relação também chega ao término.
por mais que a gente tenha tantas coisas em comum,
por mais que os nossos gostos sejam parecidos, e a gente ainda sinta a vontade transbordando o nosso peito.

existem pessoas que não foram feitas pra ficar com a gente.
não importa o quanto você tente,
não importa o que você faça.
mas não será você.

ÀS VEZES É SÓ SOBRE ACEITAR.

aceitar que a gente tem que se retirar
no meio do caminho e deixar ir.
aceitar que o amor não é um contrato de permanência.
aceitar que pode doer a cada despedida,
mas a gente sobrevive.
e pra sobreviver a gente precisa aceitar.

A GENTE SEMPRE APRENDE ALGUMA COISA COM AQUILO QUE PASSOU PELA GENTE.

seja uma pessoa, uma relação demorada, um afeto que passou rápido demais. sempre fica algo marcado na gente, às vezes uma coisa boa, às vezes uma vivência não tão boa assim. mas a única certeza que se tem é que uma parte da gente se transforma, algo muda de nível, sentimentos se deslocam, cômodos são realocados e espaços dentro da gente se esvaziam pra dar lugar a novas experiências e amores.

não importa se foi como um meteoro que devastou tudo, que te desmoronou e você precisou se reconstruir, se foi como aquele amor feito o sol que Baco citou, que "ilumina o meu dia, mas queima a minha pele".

o que se sabe é que nada fica no lugar.

depois da minha última relação, eu aprendi sobre todas as coisas que eu preciso melhorar em mim. as minhas inseguranças, os traumas que ainda carrego comigo mesmo sentindo que tá tudo sarado. é que existem marcas que não somem da gente, né? elas permanecem ali pra que a gente possa lembrar do que doeu um dia, do que a nossa insistência e teimosia nos custaram, e pra que a gente esteja atento a não cometer os mesmos erros.

tenho medos que são difíceis de superar. medo da minha vulnerabilidade, de entregar pra alguém o meu afeto e ter que assistir o outro machucar. porque eu sei que quando eu gosto, é com toda potência que sou capaz de amar. com entrega, com sinceridade e lealdade. eu tenho medo de entregar tudo aquilo que pra mim tem um valor imenso e permitir que alguém desvalorize isso.

mas a minha mais nova versão me ensinou a ir com medo mesmo.
dei chances demais pra no final entender que eu estava me acostumando ao erro. e então aprendi que não tenho como mudar o outro. eu só tenho como mudar a mim. as minhas escolhas. o meu caminho. as minhas inseguranças. porque no final eu posso passar por mil relacionamentos, mas, se eu não mudar, todos eles vão ser iguais.

e que existem amores que são pra vida, mas que não permanecem, não importa o que você faça ou o quanto você sinta. e que existem momentos em que você só precisa abraçar todo o amor que você sente com você. e que chega um momento em que a tua jornada será só sobre você.

SIM, RELACIONAMENTOS TÓXICOS SÃO DIFÍCEIS, MAS SABE O QUE É MAIS DIFÍCIL? UM RELACIONAMENTO SAUDÁVEL DEPOIS DE UM TÓXICO.

ninguém fala sobre como é difícil você se desfazer daqueles mecanismos de defesa que você construiu pra lidar com os machucados e traumas que uma relação tóxica te causou.

ninguém fala sobre como é carregar com você as dúvidas. você não consegue se desprender das marcas que a tua confiança e insistência te causaram. e então você não sabe se confia ou se desconfia. mesmo que você queira ficar.

é um sentimento inevitável, sabe?

é como se o teu corpo tivesse criado uma casca mais dura, quase impenetrável. e quando você se enxerga em um relacionamento saudável essa casca vai se rompendo. mas você tem medo, porque te custou caro aprender a se proteger.

é como se a tua mente dissesse: *você já passou por isso antes. você já sentiu essas sensações boas antes de tudo ruir. você também passou um tempo sorrindo e tendo a certeza de que encontrou alguém foda. e você também depois se surpreendeu.*

ninguém te conta o quanto a tua mente te sabota. e como é difícil se convencer de que você está seguro agora. de que dessa vez as coisas são mais leves. e que tudo aquilo que te pesou um dia precisa ficar pra trás.

mas também ninguém te conta como é difícil esse processo de deixar tudo pra trás, a insegurança, o receio, a autoproteção exagerada, de tocar a tua pele de novo e não sentir que os machucados ainda estão lá.

e como é deixar que uma nova pessoa toque tudo isso. e como é permitir que aquilo que um dia esteve quebrado seja revisitado por outra pessoa, preenchido por outro afeto, e como é respirar segurança diante desse processo todo.

ninguém te conta como você precisa ter coragem. você tem, porque você é indestrutível.

tô chegando à conclusão de que
quanto mais você se tem,
mais difícil é você ficar com alguém.
quanto mais você abraça a sua solitude,
menos você aceita permanecer em relações
que te tiram da paz de estar só.

NADA MAIS ME SURPREENDE VINDO DOS OUTROS.

eu posso até sentir ou ficar magoado com
traições, com falta de consideração, mentiras,
manipulações etc., mas surpreso eu não fico.

aprendi que somente eu posso me fazer bem,
os outros podem, no máximo, me proporcionar momentos.

desde que decidi me levar mais a sério e me colocar
como prioridade, tenho encarado as decepções e
desilusões de forma mais madura e com menos culpa.

eu realmente não me surpreendo mais com o que pode
vir dos outros. já fui traído por alguém que olhou
nos meus olhos e jurou lealdade, já fui manipulado
por um melhor amigo, já tive os meus segredos e
confidências expostos por quem eu mais confiei, já tive
o meu mais puro amor descartado, já fui enganado e
feito de trouxa das mais diversas formas possíveis.

ainda que eu saiba que os traumas e marcas não devem
influenciar nas minhas próximas relações, eu seria
idiota se não tivesse entendido o recado até agora:
o meu amor importa!
e é isso que eu tenho que priorizar.

EU SOU BEM MELHOR SOZINHO.

definitivamente eu sou melhor sozinho.

tenho marcas comigo que nem todo mundo é capaz
de enxergar com cuidado, e acabam machucando
ainda mais ao tocar em certas partes de mim.

nem todo mundo entende que às vezes eu só quero
ficar sozinho, e que às vezes eu me tranco pra cuidar de
mim, e que eu tenho muitas capas de proteção e que
tenho por alguma razão, que me sinto inseguro e com
medo, mas que nada disso é por não ter coragem, muito
pelo contrário, é por saber que tenho coragem de sobra
pra amar, mas que eu preciso me cuidar primeiro.

e eu aprendi isso da pior maneira.
quebrando a cara uma, duas, diversas vezes,
e tendo que renascer. sozinho.

as pessoas até me deram conselhos, a terapia me
impulsionou, a vida me guiou e o tempo me mostrou a
como me respeitar sem tropeçar no meu próprio tempo.
mas eu fui a parte essencial de todo o meu processo de cura.

e claro, depois que você se cura, você fica
mais atento aos sinais, pra não permitir que
te arranquem a casca mais uma vez.

e é por isso que eu sinto que sou melhor sozinho.

porque às vezes eu me confundo na minha intuição. não sei se é uma mistura de insegurança, medo e ansiedade por ter vivido o que já vivi, ou se são os meus sentidos mais ainda aguçados e inteligentes me alertando pra uma cilada. nessa confusão eu acabo me confundindo também.

e no meio disso tudo eu abro mão, porque aprendi a segurar a minha primeiro e entendi que eu sou a única pessoa capaz de fazer por mim o que ninguém jamais conseguiu fazer, e mais do que isso, me refazer do que conseguiram quebrar.

é por isso que eu sou melhor sozinho.

porque, sempre que penso em mergulhar em alguém, eu tenho que lidar com a minha intensidade e outras dezenas de sentimentos de uma só vez. e isso me consome.

é aí que eu me pergunto: será mesmo que vale a pena me consumir por alguém agora? e a resposta vem logo em seguida: eu acho que eu sou melhor sozinho por enquanto.

eu comecei a acreditar que tudo acontece
quando tem que acontecer,
eu estou exatamente no lugar
que deveria estar,
fechei os ciclos que precisavam
ser fechados,
fiquei o tempo necessário.

tudo o que passei e o que escolhi me fizeram chegar até aqui.
por isso, aceito e sigo em frente.

aceitar e seguir em frente são duas
coisas extremamente difíceis,
mas necessárias.

COMO EU ME SINTO QUANDO COMEÇO A GOSTAR DE ALGUÉM E A ANSIEDADE ME BLOQUEIA.

às vezes eu tenho a sensação de que afasto as pessoas quando na verdade eu só as quero cada vez mais próximas de mim, esse meu medo de perder alguém faz com que eu realmente perca. esse receio de que acabe faz com que eu acabe antes mesmo de começar. é louco demais isso.

eu sinto como se, quanto mais eu quisesse, mais eu não soubesse deixar fluir naturalmente, eu atropelo meus próprios passos, tropeço nas minhas expectativas, me saboto sem motivos e começo a achar que me afastar é a melhor maneira de eu me sentir seguro e não me machucar, eu me afasto achando que estou sozinho quando não estou, e, no final, acabo sozinho.

no final do ano passado, eu gostei tanto de uma pessoa que comecei a acreditar que ela não gostava tanto de mim assim e então, construí vários castelos em torno das minhas dúvidas: *se ele gostasse, ele me mandaria mensagem*, quando na verdade ele até mandava, só não mandava no meu tempo. *se ele quisesse, ele me chamaria*, mas ele chamava, só não na hora que eu esperava. *se ele tivesse tão a fim assim, ele demonstrava*, só que ele demonstrava, não do meu jeito.

diante disso, existia uma escolha nas minhas mãos, da qual eu tinha total controle e autoridade pra decidir: se ficava e aceitava aquelas condições, ou se eu realmente abriria mão.

eu abri mão, claro.

porque, diante das minhas projeções, eu queria que ele falasse, agisse, mandasse mensagem, e sentisse da forma como eu faria. mas esqueci de lembrar que ninguém, absolutamente ninguém vai ser aquilo que espero. da mesma maneira que não serei aquilo que os outros esperam de mim.

e sabe qual o problema? essa mania absurda de achar que o outro vai agir da mesma maneira transparente que eu, que o outro vai se preocupar comigo do mesmo modo que me preocupo, que o outro vai querer na mesma intensidade que eu quero.

ele olhou nos meus olhos e disse que gostava de mim e que estava envolvido, mas não consegui acreditar. a ansiedade me fez recuar antes mesmo de ouvir o que ele tinha pra dizer. me calou quando eu deveria ter falado, e me fez tomar decisões que, por mais que eu tenha maturidade pra aceitar o fim e seguir em frente, eu senti um pouco.

a ansiedade me faz perder pessoas, além de mim mesmo. mas ainda bem que em mim existem amor e coragem de sobra pra me reencontrar e seguir em frente.

SOBRE A POTÊNCIA DO AMOR.

parece que o amor me trouxe medo. eu o levo tão a sério que evito usar a palavra "amor" em vão. em certos momentos, eu mesmo, nas minhas conversas, na minha escrita, evito falar a palavra "amor". fujo das frases "eu te amo" pra não usá-las de forma vazia e miserável. porque eu entendo que amor é um sentimento absurdo de bonito, é forte demais, potente demais, impactante. não dá pra dizer que te amo, assim, só porque você disse que me ama. porque se eu fizer isso sem sentir primeiro, eu sinto como se estivesse descarregando um caminhão de pedras sobre mim.

e é por isso que sou extremamente difícil de admitir e dizer que estou sentindo algo tão forte a ponto de considerar que seja amor.

às vezes eu quero ficar porque me faz bem, e enquanto me faz bem e faz sentido continuar mantendo aquilo na minha vida. e isso não é sobre amor, é só sobre me fazer bem. não é porque me acolhe que me desperta o amor, existe muito caminhar até lá.

acho que por muito tempo eu tentei curar minha carência achando que amar era permanecer em relações que me faziam mal só porque eu não conseguia criar independência de abrir mão, por muito tempo eu me acostumei a relações que mais me prendiam do que admiravam a minha liberdade, por muito tempo eu me senti sozinho estando acompanhado, e achei que aquilo era amor simplesmente pelo fato de ter força e influência o suficiente pra me manter ali.

e, na verdade, existem muitos fatores que mantêm a gente parado em uma relação, e o amor não é um deles.

muito provavelmente eu vou dizer que gosto de você, que gosto de estar com você, de te ouvir, de te tocar, de saber sobre como foi o seu dia, vou falar "avisa quando chegar", vou mandar mensagem com um vídeo engraçado dizendo "lembrei de você" quando, de fato, aquilo me trouxer uma lembrança muito pessoal de você, vou até escrever textos sobre a gente.

mas não vou achar que tudo isso é sobre amor. talvez seja sobre os picos de transformação que a gente sente de dentro pra fora quando começamos a sentir algo mais íntimo por alguém.

mas, ainda assim, não consigo dizer que é amor.

a essa altura do campeonato, cheio de marcas, e traumas, e um histórico de relações que eu precisei ressignificar a minha forma de sentir, e novos significados que encontrei pra definir o que de fato é o amor. acho que amar é sobre ser permissivo a sentir. mas não só isso.

o amor deve ser leve, genuíno, libertador e recíproco. sobre o amor, eu estive errado muitas vezes. quando achei que amei, só gostei. quando achei que me amavam, só gostavam da sensação de me ter gostando.

e às vezes eu paro pra pensar se realmente eu amei alguém ou se fui amado. porque amar é simples, tão simples que a gente erra ao tentar colocar em prática.

entender que se perder no caminho faz parte do processo
pra que eu possa encontrar uma nova versão de mim.

A MINHA PALAVRA-CHAVE É COMUNICAÇÃO.

não há nada mais sexy do que alguém que diz o que sente, que comunica, que transparece. alguém que sabe a importância de se comunicar de forma direta e honesta.

porque a comunicação aproxima. estreita os laços. traz o outro pra mais perto da gente. a gente se sente mais seguro mesmo se sentindo vulnerável.

e não é apenas sobre falar das suas necessidades e dos seus desejos, às vezes é também sobre uma comunicação simples e clara de dizer: "estou com saudade de você" ou "lembrei de você" ou "quero te conhecer ainda mais".

a gente deixa de se comunicar por medo da falta de mutualidade de quem recebe. sendo que, se parar pra pensar, se não existe reciprocidade, não há a mínima possibilidade disso continuar existindo. ninguém vai ficar com você só porque você quer. isso não é possibilidade, é a realidade.

comunique-se!

a comunicação impacta a trajetória e a profundidade de um relacionamento. é preciso comunicar. se você não expressa, a intimidade se esvai, porque a falta de dizer acaba causando receio, trazendo dúvidas desnecessárias, inseguranças, sinais confusos, você acaba se perdendo em um caminho que nem existe, porque não existiu comunicação.

se comunicar é importante e crucial pra construção de uma relação. por isso, pergunte! diga como se sente. fale sobre o que acontece dentro do seu mundo. seja íntimo e permita-se ser vulnerável. ouça o que o outro tem a dizer e diga o que você sente que precisa dizer. demonstre interesse. use da sua sinceridade pra se expor. esteja presente. fale sobre seus planos. faça algo. diga algo.

porque amanhã tudo isso pode acabar, e é melhor que não termine por falta de comunicação, ou por uma distância que foi consequência da falta de comunicação, ou por um silêncio que deixou ambos os lados indecisos e duvidosos, que se deu por conta da falta de comunicação.

porque quando isso acontece, quando acaba pela ausência do que não foi dito, quando acaba pelo barulho que o silêncio da falta de dizer causa, quando acaba e você não tem respostas ou simplesmente não se tem mensagens, palavras, sei lá, qualquer coisa que te faça compreender o término, ou entender que ali existiu um ponto-final e resta você aceitar, que chegou a hora de fechar o ciclo, quando nada é dito, fica um sentimento de intérmino, sabe aquele sinal no final de uma ligação não atendida? aquele "tu tu tu tu"? é tipo isso que fica.

USE O DIÁLOGO.

você já tem idade o suficiente pra dizer o que sente
em vez de ficar em silêncio achando que
o outro tem a obrigação de entender.

EU VI UMA FRASE QUE DIZIA "EMPATIA DEMAIS É AUTODESTRUIÇÃO" E NUNCA CONCORDEI TANTO COM ISSO!

às vezes a gente precisa colocar alguns limites. até quando vale se colocar no lugar de alguém enquanto você tá se fodendo com isso? não é egoísmo pensar em você! tenha empatia, mas saiba enxergar o momento de se retirar.

por muitas vezes eu tive empatia por pessoas, em relações, e no final das contas eu acabava carregando um peso que eu não tinha responsabilidade nem obrigação de carregar. eu me sabotava, me consumia, me deixava pra depois pra me colocar no lugar de alguém que só me fodia.

por diversas vezes eu permiti que me colocassem em situações, sem entender que às vezes, o outro só queria usar da minha afeição pra me manipular ainda mais.

é preciso ter cuidado.
e limites.

EU LI POR AÍ ALGO QUE DIZIA: "NÃO CONSEGUIR O QUE VOCÊ QUER TAMBÉM TE DIRECIONA PRA ONDE VOCÊ PRECISA ESTAR".

e faz total sentido.

eu sei que é difícil a gente aceitar as mudanças,
os novos caminhos, ciclos fechando,
mas às vezes nem tudo que a gente
quer é o que a gente precisa.

eu me desgastava quando o outro se afastava do nada,
eu achava que o mínimo que o outro deveria fazer
era dizer, como se o outro fosse agir como eu.

aprendi que não mereço nem preciso perder o
meu tempo com isso. se o outro me dá o silêncio,
eu só posso dar o meu silêncio também.

eu sei que às vezes escolher o silêncio não é uma escolha tão madura, mas eu parei de buscar respostas nos silêncios dos outros só porque eu achava que isso era ter maturidade.

o meu equilíbrio emocional vale bem mais que gastar o meu tempo tentando entender escolhas que não estão ao meu alcance. eu preciso aceitar, por mais que me doa, por mais que eu não aceite, por mais que isso me consuma.

em algum momento passa, e quando passar eu vou entender que o silêncio, às vezes, também é uma resposta.

EM RELACIONAMENTOS SAUDÁVEIS HAVERÁ TÉDIO.

imagina querer viver sempre o máximo das relações a ponto de não entender que nas relações saudáveis haverá tédio. não dá pra viver no ápice o tempo todo. você nunca vai se sentir bem esperando sempre que o outro te dê mais do que já deu. existem momentos de calmaria. e você merece sim o melhor, mas não dá pra exigir isso de ninguém. simplesmente porque é sua responsabilidade se dar o melhor. entender isso evita frustrações e expectativas desnecessárias. te garanto.

nenhum relacionamento será um parque de diversões o tempo todo, cheio de adrenalina e aventuras. uma hora a gente entende que no espaço de cada um existem limites, manias, sentimentos e um tanto de coisas que completam cada um. haverá dias em que vocês só vão querer ficar deitados, um do lado do outro, olhando pro nada, contemplando o silêncio. haverá momentos em que você vai sentir que precisa ficar mais no seu canto, não porque você deixou de gostar de estar com o outro, mas porque você entende que aquele é o seu momento, um momento só seu, e é absurdamente prazeroso quando o outro entende isso. porque também haverá momentos em que o outro vai se sentir assim.

às vezes a gente só precisa de paz. sem tanta agitação. eu já acreditei que era foda sentir o coração acelerado, até sentir que a ansiedade me traz uma sensação parecida. reciprocidade é o suficiente pra mim, sentir que eu sou importante pra alguém me deixa confortável pra ficar. no tédio. ou na adrenalina.

acho que quando você fica verdadeiramente confortável com alguém até o tédio não incomoda. só de estar do lado, já é bom.

relacionamentos onde você se sente querido, importante e confortável mesmo no silêncio do tédio são normais, e podem ser potencialmente saudáveis. sei lá, a idade me trouxe uma outra forma de pensar sobre relações, sabe? eu só quero que tudo o que cruzar o meu caminho seja leve, e que se eu puder tornar as relações que eu me envolvo ainda mais leves será incrível.

eu compreendo que ainda carrego comigo defeitos, e exageros, e falhas, e às vezes me perco em minhas expectativas, e me pego me cobrando demais, e construindo paranoias desnecessárias. mas se tem uma coisa que eu acredito fielmente é sobre a necessidade de fazer uma autocrítica e refletir sobre quem somos nas nossas relações, sobre o que aceitamos e o que queremos construir nas relações que nos conectamos.

penso que é melhor ter um relacionamento saudável do que um relacionamento inesquecível. porque inesquecível tem gosto de coisa mal resolvida. inesquecível é o preço das sessões de terapia depois.

ÀS VEZES A GENTE TEM TANTA VONTADE DE FICAR COM AQUELA PESSOA QUE A GENTE NÃO ENXERGA QUE TALVEZ NEM SEJA ELA.

a gente tem vontade de estar, de contar sobre a vida da gente, de saber sobre a rotina do outro, de contar nossos medos, de conversar sobre política, sobre justiça social, sobre música, relações, sentimentos, sei lá, de ter motivos pra ficar, de ter assunto pra se interessar, que em meio de tanta vontade a gente nem perceba que talvez nem seja aquela pessoa.

porque quando é a pessoa. a gente se sente confortável pra se abrir. pra falar do que a gente carrega de dentro pra fora. pra colocar nossa essência à mostra, sabe?

e às vezes a gente quer tanto ficar que a gente nem se dá conta, que se a gente parasse pra enxergar o que aquela relação de fato é a gente talvez conseguisse perceber que não tinha muito pra oferecer.

você que achou que tinha, porque você queria que tivesse. e a tua vontade era tanta que te fez ficar.

você só começa a enxergar que nem era tudo isso assim quando você toma uma distância.

e eu queria muito te ouvir mais.
eu queria ter te tocado mais profundamente,
e me restou o superficial da tua pele e da
sensação de gostar. nada além disso.
eu queria ter escutado o barulho dos seus medos,
e sei lá, falar um pouco dos meus também.

eu queria te levar pra assistir aquele filme, tinha
uma temática interessante, acho que a gente
teria muitos assuntos pra falar depois.
queria ter te olhado nos olhos e percebido que entre
meu reflexo na tua pupila o resultado era afeto.

queria que você falasse mais sobre o que
sentia, e não simplesmente se calasse, porque o
silêncio traz dúvidas, e dúvidas afastam.

queria morar no teu colo, mas pensando de
fora parecia que eu estava só de passagem, a tua
cama era a mesa e eu o café da manhã.

queria ir muito mais além, e eu até estava disposto
a ampliar mais os meus limites pra que, aos poucos,
você me compreendesse mais. só que os seus limites
eram distantes demais, e a distância também afasta.

queria tanto que nem percebi que tudo o que eu queria não podia ser dado. e eu jamais cobraria por qualquer coisa que deveria ser espontânea. eu queria tanto te conhecer que nem percebi que não era você.

eu queria gostar mais, mas você disse que era só o que você conseguia ser no momento, e eu percebi que não era você.

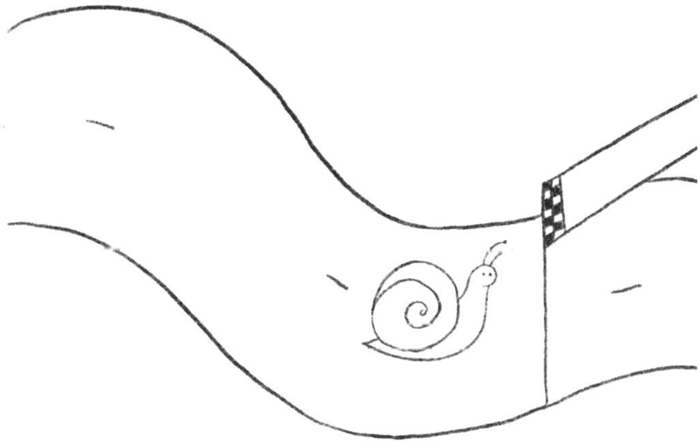

você está exatamente onde deveria estar.
vivendo exatamente o que precisa viver.
suportou o que precisava suportar pra se transformar.
sentiu o que precisava ser sentido pra se reencontrar.

tudo.
absolutamente tudo o que aconteceu te fez chegar até aqui.
e você deveria se orgulhar disso.

NA MAIORIA DAS VEZES QUE ME MACHUQUEI, PRECISEI ME CURAR SOZINHO.

alguns amigos me deram conselhos, a vida me ajudou com o tempo, mas a única pessoa que suportou, superou e esteve comigo nos meus piores dias foi eu.

e é por isso que eu preciso me amar sem culpa.

você é quem esteve todo esse tempo consigo mesmo, tendo que lidar com suas inseguranças, superar os seus medos, reparar os seus traumas e se dar as mãos pra seguir em frente.

então você não deveria se culpar pelas vezes que falhou, ou por todas as vezes que colocou expectativas demais, ou por todas as vezes que aceitou o que não merecia porque você achava que aquilo precisava doer pra valer a pena.

um dia você acreditou que a insistência e tentar manter as coisas empurrando pra dentro do teu peito, quando, na verdade, só iria te desequilibrar ainda mais.

várias partes de você precisaram ficar no meio do
caminho pra que você se transformasse e permitisse
preencher com sentimentos mais leves.

em vários trechos do teu caminho você fez escolhas erradas,
deixou de seguir a sua intuição,
perdeu a direção em troca de alguns machucados,
plantou afeto onde não era terra fértil,
mas você tentou.

e você não deveria se culpar por isso.
você deve, sim, se amar com toda força
que você tenta amar os outros.

se ame sem culpa. você merece aprender
com seus erros sem carregar o peso das suas
tentativas que não deram muito certo.

às vezes a gente encerra uns ciclos
pra esses ciclos não encerrarem a gente.

O AMOR NÃO É PRA MIM.

tantas vezes falei pra mim mesmo que
o amor não era pra mim.

só porque mesmo eu dando tanto de mim não foi o suficiente pra segurar uma relação, ou porque me vi novamente segurando a outra ponta do elástico.

enquanto ele se partia.

ou quando tantas vezes eu carreguei a culpa por achar que não era tão bom assim, só porque as pessoas não permaneciam o tempo que eu achava que iriam permanecer, ou, pelo menos, enquanto eu me preparava pra mais uma partida.

ou todas as vezes que acreditei que eu não era fácil de lidar, e me sabotei a ponto de carregar comigo o motivo pelos términos. quando, na verdade, eu só precisava me acolher, me abraçar de volta e aceitar quando o ciclo precisava ser fechado.

a gente se sabota, mas não deveria.

não dá pra carregar o peso das escolhas dos outros,
não dá pra ficar se machucando só
porque não foi o que se esperava,
não dá pra esperar que os outros te deem amor, pra você entender o quão importante é se dar amor.

não dá pra esperar que o amor te encontre
se você prefere se blindar dele.

aos poucos a gente vai entendendo tudo isso.

até lá, a gente se sabota por não ter aquilo que gostaria
por não conseguir ser aquilo que a gente
achou que seria, ou por acreditar e dizer
pra si mesmo "amor não é pra mim".
isso faz parte de um processo
de reencontro consigo mesmo.

e no final a gente entende que é preciso coragem pra
amar, pra partir, pra se entregar e principalmente
pra entender quando você precisa de um tempo.

um tempo pra respirar, pra ficar consigo mesmo,
e pra dizer também "o amor não é pra mim".

até que você sinta de novo.

e não importa quantas vezes a gente tente, quantas situações a gente suporte, ou quantas relações a gente deixe pra trás, é possível sentir, de novo, e de novo, e mais uma vez. porque eu já pensei tantas vezes que o amor não era pra mim, mas nunca deixei de tentar.

EU NÃO ME ARREPENDO.

se me perguntarem se me arrependo pelas minhas escolhas. direi que não. não me arrependo.
mesmo que um dia eu tenha me arrependido e carregado o sentimento de raiva, de revolta, de decepção por algo que me fizeram. eu coloquei tudo isso no seu devido lugar. está descartado, deixado pra trás.

por isso não me arrependo.

nem do tanto amor que eu dei em troca de nada, nem do exagero de afeto que eu fui, nem de ter simplesmente me jogado por inteiro em relações que não mereciam tanto o meu tempo. mesmo assim, eu não me arrependo.

não me arrependo pelas noites que perdi o sono por me culpar e me arrepender de ter feito algo que meu instinto de amar faria de novo. não me arrependo de ter perdido a mão com a minha intensidade, de ter entendido um pouco tarde que às vezes a gente precisa de um pouco de freio e cautela.

minhas cicatrizes me ensinaram alguma coisa. minhas marcas me transformaram de alguma maneira. os meus medos não são mais os mesmos, minhas inseguranças ficaram pra trás, eu renasço das cinzas das minhas falhas comigo mesmo.

e amadureço.
e me recomponho.
e sigo o meu caminho.

no final das contas me agradeço
e me orgulho por eu ter sido eu.

eu não me arrependo a ponto de carregar comigo
uma culpa de algo que já aconteceu e que não existe
possibilidade de mudar. porque se já aconteceu, o
que eu preciso é seguir em frente e me desfazer da
culpa do arrependimento no meio do caminho.
não posso me arrepender por ter sido eu.

tudo o que um dia me machucou, tudo o que
um dia tentou arrancar um pedaço de mim,
ficou pra trás. porque eu sigo, e eu consigo me
readaptar, me transformar e recomeçar do zero.

eu não preciso nem mereço viver a minha vida
carregando fardos que não mais me pertencem, levando
comigo tristezas e mágoas que não combinam com
o meu sorriso e a minha abundância de ser afeto.

não me arrependo de nada.

uma das coisas mais difíceis que aprendi
foi a importância de assumir a
responsabilidade das minhas escolhas,
das minhas atitudes e dos meus erros.

quando você aceita que a culpa foi sua,
você consegue segurar a sua própria mão
e ir em busca de uma versão melhor.

DEPOIS QUE EU ENTENDI QUE O AMOR MAIS IMPORTANTE DE TODOS É O MEU. EU NUNCA MAIS TIVE MEDO DE FICAR SOZINHO.

eu tinha tanto medo de ficar sozinho que eu acabava insistindo em relações ruins, ou me mantendo em lugares apertados demais só pra não ter que lidar comigo mesmo. eu achava que só seria interessante se tivesse alguém.

mas depois eu entendi que pra ser interessante eu precisava ser importante, primeiramente pra mim. o amor que eu queria encontrar nos outros precisava partir de mim primeiro.

depois eu compreendi também que o amor-próprio é um exercício diário, e não existe relação alguma, ou pessoa alguma que me entregue essa sensação de amar quem eu sou, devidamente como eu mereço, como eu preciso ser amado.

não é me apertando em relacionamentos estreitos pra
tentar preencher os meus vazios que vou me amar,
é aceitando o fato de que, a responsabilidade de me
dar amor é totalmente e exclusivamente minha.

não que os outros não possam me oferecer afeto e me fazer
sentir querido e amado.
algumas pessoas têm esse poder de fazer a gente
se sentir um pouco mais leve, mais acolhido, mas
o que eu quero dizer é que a responsabilidade
de me preencher de amor é minha.

eu tinha tanto medo de seguir sozinho que eu
oferecia as minhas mãos pra quem já nem estava ali
pra segurar, até entender que eu precisava ter mais
responsabilidade pelo que eu sentia, e valorizar mais o
amor, e respeitar mais tudo o que eu carregava comigo,
e considerar de fato que o meu tempo é precioso
demais pra ser gasto com qualquer pessoa ou relação.

depois que eu entendi que o amor mais
importante de todos é o meu.
eu nunca mais tive medo de ficar sozinho.
porque sozinho eu me encontro,
porque sozinho eu me cuido,
sozinho eu me transformo,
ninguém faz isso por mim.
só eu.

e é por isso que eu escolhi essa coragem.
coragem de assumir um relacionamento
sério com o meu amor-próprio.

INTENSIDADE É SOBRE EQUILÍBRIO.

sim, eu me considero uma pessoa intensa. só que antes eu não sabia exatamente o que fazer com toda essa intensidade. eu achava que ser intenso era dar tudo de mim independentemente de quem recebesse, era me entregar por inteiro nas relações, mesmo que essas relações não fossem com pessoas tão confiáveis assim.

eu achava que ser intenso era viver, só que eu esquecia a outra parte que era viver com responsabilidade com os meus sentimentos, era viver sem desconsiderar o meu amor, era viver sem me perder de mim mesmo.

e isso eu esquecia porque eu achava que intensidade era sobre isso. sobre ir fundo mesmo em lugares rasos e relações que não estavam prontas pra me receber. e claro que eu acabava me fodendo, e me sentindo trouxa, e me sentindo culpado por não ter enxergado o óbvio, e me colocando pra baixo, me sabotando, e me sentindo mal só porque eu não conseguia ter um pouco mais de atenção e cuidado comigo.

se você é intenso, mas não procura saber antes se você está vivendo sua intensidade no lugar certo, na hora certa, com a pessoa certa, é claro que você vai se foder. e vai se perguntar: por que eu sou tão intenso e sempre acabo me fodendo?!

já parou pra pensar que talvez você esteja despejando toda sua intensidade na pista e é nessa mesma pista que você sempre derrapa?

já parou pra perceber que, às vezes, você carrega uma parcela de culpa nas escolhas que você faz? nem sempre é o outro. mas eu sei, é mais fácil dizer que o outro foi irresponsável com toda aquela intensidade que você entregou sem considerar se o destinatário iria receber com respeito e cuidado.

intensidade é sobre isso. é sobre equilíbrio. sobre valorizar as suas emoções. sobre respeitar o que você sente. não é a sua intensidade que te autodestrói, é a tua falta de noção, é a forma como você permite que os outros acessem suas emoções. e se responder, sem se culpar, que mesmo quando você acha que a intensidade vai te matar, o que você seria sem ela?

FICA TUDO BEM.

todo mundo diz que uma hora fica tudo bem.
e sim, a gente sabe que fica. que uma hora as coisas se ajeitam, que o coração da gente vai parar de correr sem destino e vai se acalmar no seu canto, que nossas inseguranças vão partir e a gente vai ficar mais forte.

a gente sabe.

mas o que ninguém te conta é como os dias em que você vai se sentir incompleto vão ser extremamente desgastantes. o quanto você vai sentir que ainda existe muita parte quebrada mesmo com tanto esforço e cuidado seu, e como é difícil se remendar, se costurar e se recompor.

muita gente vai te oferecer abraço, afeto, abrigo,
mas você vai aprender isso sozinho.
inclusive o quão importante é continuar.

o que ninguém te conta também é como o caminho que você vai precisar percorrer de volta pra se reencontrar é difícil. provavelmente você vai tentar, uma, duas, dez, algumas vezes.

no meio do caminho você vai aprender a se desfazer de partes de você que já não encaixam mais,
e faz parte disso: sentimentos, pessoas, medos.

então, não se culpe quando sentir que precisa assumir esses processos de se desprender.

você vai aprender também a preencher os espaços vazios com o que realmente te pertence. e não estou falando especificamente de pessoas ou amores. estou falando de tudo aquilo que te compõe, de todas as coisas que você ama amar, dos teus planos e projetos que te encorajam, de todos os sentimentos bons e perdoáveis que você aprendeu a ter por você. tô falando de você e você agora.

mas existem outras coisas que ninguém te conta e que você vai descobrir sozinho. por exemplo: a sua força. a sua maturidade. a sua transformação.

você vai revisitar lugares dentro de você que você havia esquecido, e vai aprender o quão importante são esses lugares. lugares onde você busca coragem, força e resiliência. o que eu quero te dizer é que, apesar de tudo, a única certeza é que no final, sim, fica tudo bem.

fazer por mim em vez de me culpar
por não receber o que esperei que os outros fizessem.

SOBRE EXPECTATIVAS:

não sei você, mas eu tenho uma mania de ficar comigo
mesmo e ter uma conversa séria, principalmente
depois de términos, de despedidas, de pontos-finais.
eu sempre passo por um processo interno que
é de me dar as mãos e me ouvir, sabe?

e isso aqui é sobre essa minha conversa comigo mesmo:

queria dizer que sim, talvez eu tenha insistido mais
do que deveria por conta das minhas expectativas.

eu sei que a gente já passou por relações que nos fizeram
duvidar da gente mesmo, que exigiram da gente respeito e
lealdade e ao mesmo tempo deram o contrário disso,
mas a gente precisa também abandonar essa ideia de que
a gente vai conseguir controlar as pessoas, que as pessoas
vão fazer aquilo que a gente deseja que elas façam, ou
ser quem a gente quer que elas sejam pra gente. e parar
de acreditar que vão nos oferecer felicidade e amor
como se isso fosse uma obrigação das outras pessoas
com a gente, quando na verdade isso é uma obrigação
e responsabilidade da gente com a gente mesmo.

entenda também que você não tem o poder de mudar
as pessoas, ou salvar as relações que você precisa soltar.

enquanto te faltar algo, sobrarão expectativas que
você vai continuar projetando nos outros pra que os
outros sejam aquilo que você acha que merece.
então o que eu quero dizer é que:

às vezes a gente insiste tanto em relações e pessoas porque a gente quer que elas fiquem do jeitinho que a gente acharia mais confortável. e eu entendo que às vezes a gente faz isso por querer, por desejar, por amar. mas deixa eu te dizer uma coisa: o outro não vai agir e sentir da mesma maneira que você, então aceite as experiências do jeito que elas vierem, e, se não te fizer bem, você sabe o que fazer.

VOCÊ NÃO CONHECE AS PESSOAS EM VÃO.

nada. absolutamente nada acontece por acidente.

quem você se transformou, suas crendices, seus gostos pessoais, a forma como você enxerga o amor e como compartilha isso, a maneira como você se posiciona politicamente falando, as suas marcas, os seus traumas, os seus medos.

tudo. absolutamente tudo é uma parte das relações que você viveu.

a vida é isso.

cada pessoa vem pra que você possa aprender e ensinar também. talvez você não conseguisse enxergar que o teu amor, por mais potente e inspirador que seja, não tem o poder de salvar uma relação ou de mudar uma escolha de alguém se não tivesse insistido em tentar fazer com que alguém gostasse de você.

talvez você não aprendesse a admirar a sua solidão, a se importar mais com você e ter orgulho das suas tentativas, se não tivesse tentado.

talvez você nunca percebesse que as pessoas não foram feitas pra ficar, algumas são até melhores distantes da gente, às vezes a gente funciona melhor distante de algumas também. e isso você percebeu por ter falhado com você, por ter acreditado que você conseguiria mudar a decisão de alguém, por ter insistido em algo que só te partia por medo de partir de alguém.

talvez você não entendesse que o amor mais importante de todos os que já te prometeram e de todos os que você já teve o privilégio de sentir. o mais importante mesmo: é o seu próprio amor.

e você só entendeu isso na prática, depois de se perder tantas vezes por ter descartado o seu amor em troca do amor de alguém. você aprendeu que precisa ter coragem pra amar. e principalmente, coragem pra se amar primeiramente.

você também aprendeu que a vida é profunda e foda demais, e que você não merece nenhuma relação, pessoa ou sentimento que te acostume ao raso, ao seco, ao pesado, sabe?

nada. absolutamente nada que você viveu foi em vão.
somos um amontoado de experiências.
boas ou ruins. de escolhas certas ou erradas.

fingir que não sente não faz você não sentir de verdade.
às vezes a gente só precisa se permitir
sentir tudo, até que passe de vez.

(se permitir sentir o seu processo, te faz aprender muito mais do que fingir que esse processo não existe.)

é importante tomar cuidado pra não machucar o outro,
mas ainda mais importante é tomar cuidado
pra não se permitir ser machucado.

em respeito a quem você se tornou quando superou,
não retorne ao lugar que te feriu.

SE ACOSTUMAR COM O QUE MACHUCA É PIOR DO QUE SENTIR A DOR DE PARTIR.

perceber que eu estava te soltando foi como se eu estivesse
em queda livre,
e eu não pude fazer muita coisa, porque eu já tinha feito
muito e tudo o que tinha
pra ser feito era soltar.

eu fui caindo...
caindo...
caindo...

durante a queda foi difícil aceitar a realidade de que era
melhor sentir o impacto
do que continuar tentando te amar e
me acostumar com esse atrito.

se acostumar com o que machuca é pior
do que sentir a dor de partir.

e eu fui partindo...
partindo...
me repartindo.

eu fui deixando pedaços de mim pra
trás e abraçando novas partes.

fui ressignificando os machucados pra
que eu me olhasse com mais afeto
e menos trauma.

e não adiantam conselhos, promessas, carinhos.

eu procurei acreditar que alguns lugares
mantêm a gente parado, sem movimento, sabe?
e te soltar me pareceu ser a melhor escolha.
porque cair também é movimento,
assim como partir…
como seguir em frente…
como continuar.

e eu continuei.

se você não tem coragem de terminar
relacionamentos ruins,
imagina quando descobrir que relacionamentos
bons também terminam.

UM DIA VAI ENTENDER TUDO ISSO.

é claro que hoje, diante do que você está sentindo, é difícil saber quando vai ficar tudo bem e se realmente vai ficar tudo bem. mas a única certeza que temos é de que no final das contas as coisas se acalmam, a gente começa a conseguir se segurar sozinho e se guiar pra um caminho melhor.

eu sei que é clichê dizer isto: dói, mas passa. e claro que não vai passar de uma hora pra outra. o processo é gradativo e durante esse processo você vai entender o que, talvez, não consiga compreender agora.

você ainda sente muito. e sente como se esses sentimentos confusos, que se misturam, de sentir falta, de tocar a tua pele e sentir que por dentro ainda dói, de olhar pra suas memórias e sentir como uma agulha espetando teu peito. porque você não sabe quando vai passar. ou porque você não sabe se quer que passe realmente. ou porque você talvez não queira aceitar que precisa passar.

o que eu posso dizer é que o processo é gradativo. você sente hoje, acorda meio pra baixo, vai seguindo da sua maneira e no seu tempo, tenta fazer algo por você e pra você, e são nessas ações de não soltar a sua mão e se preocupar consigo mesmo que as dores vão passando. você nem percebe, mas quando você se olha com carinho, quando você estende as mãos pra você, quando você diz pra si mesmo: "eu não vou te deixar!" são essas pequenas atitudes de autocuidado que vão te curar. aos poucos.

você sente hoje, amanhã continua sentindo, depois sente um pouco, mês que vem menos ainda. até você se sentir novamente inteiro e bem.

e eu sei que você anda se esforçando pra entender, ou se maltratando em busca de uma resposta que talvez esteja bem clara na sua frente: as coisas não dependem só de você! as escolhas do outro são do outro! você não pode fazer absolutamente nada que não esteja ao seu alcance.

e um dia você vai entender tudo isso. vai compreender que você esteve no lugar que precisava estar, passando por coisas que te fizeram trocar de casca, suportando situações que te fortaleceram, e chegando até onde você vai chegar.

um dia você entende que você é o que
você vai precisar pra se curar.

às vezes o amor que você
sente não compensa
a saúde mental que você gasta.

OLHA PRA VOCÊ AGORA!

lembra de quando você achou que tinha encontrado a pessoa certa? ou o dia em que você achou que tivesse encontrado o amor da sua vida?

olha pra você agora! você já redefiniu a pessoa certa tantas vezes, né?

lembra de quando você achou que tinha encontrado a pessoa certa? ou o dia em que você achou que tivesse encontrado o amor da sua vida?

agora olha pra você!

você já redefiniu a pessoa certa tantas vezes, e muitos outros amores já passaram por você, né?

caso um dia você esqueça disso e cometa o erro de duvidar da sua capacidade e da sua essência, saiba que você merece dar e receber o melhor dos outros.

a vida não para, basta se permitir.

e você vai amadurecer muitas vezes ainda. porque eu tenho certeza de que você já achou que estava maduro o suficiente ou que já sabia muita coisa, e você também precisou reconhecer que precisava amadurecer ainda mais.

você vai se transformar outras dezenas. e eu nem preciso dizer que você vai amar incontáveis vezes também.

então, caso um dia você se perceba cansado de
tentar, e tentar, e tentar. entenda que você já
tentou outras vezes, e em algumas até deu certo.
você aprendeu coisas, ensinou outras, seguiu a sua
viagem com coisas na bagagem que você carrega
consigo até hoje. mesmo que tenha tido um fim.

você vai se sentir perdido outras vezes e vai parar pra se reencontrar. e você sabe que você vai se reencontrar.

lembra dos dias em que você achou que não
iria conseguir estancar o teu machucado?
então, você não só conseguiu como
ressignificou as suas marcas.

era só isso que eu queria te dizer: olha pra você agora!

DESCULPA A SINCERIDADE, MAS VOCÊ NASCEU SOZINHO E VAI CONTINUAR ASSIM EM VÁRIOS MOMENTOS DA SUA VIDA.

é assim que é. no final das contas é de você quem você mais precisa. é em você que você precisa morar porque muita gente vai te colocar pra fora. é você a pessoa mais importante.

é você e você.

é contigo que você precisa estar, principalmente quando as pessoas não estiverem com você. é por você que você precisa seguir em frente. é dando as mãos a você mesmo pra se transformar.

você vai ser a pessoa mais importante de todos os seus processos de mudança. você será a parte essencial pra enfrentar suas fases não tão leves assim.

você vai precisar parar um pouco, vai sentir necessidade de respirar, pra descansar, e só então seguir ao seu próprio lado.

você vai perceber que mesmo com todas as pessoas, e amores, e relações que já passaram pela sua vida, a parte mais importante de tudo o que já te tocou será a sua própria pele. é você quem carregará as marcas, as inseguranças, as suas memórias, os momentos em que você sorriu e os que chorou.

tudo, absolutamente tudo o que viveu, todas as histórias, toda sua vivência fazem parte de você.

você sente isso.
você carrega.
você sobrevive a isso.

será você e você.

a vida é curta demais
pra gente viver
o mínimo das coisas.

O AMOR PODE SIGNIFICAR MUITO PRA QUEM SABE AMAR. E PODE NÃO SIGNIFICAR NADA PRA QUEM NÃO SABE SENTIR.

amar é realmente potente, é forte, é intenso, mas, se você está em uma relação que não te respeita, que não te valoriza e não te faz se sentir mansidão, o amor não tem significado.

e pra você pode até ter, mas,
pro conjunto da relação, não tem.

eu já estive em uma relação que eu não amava a pessoa, mas eu gostava de estar com ela, porque ela me preenchia, porque existia admiração, porque me fazia bem. e isso, pra mim, é o suficiente.

quando a gente escolhe estar, porque é leve, porque é isso que você quer. é isso que te faz bem. porque é sincero.

eu, por exemplo, já ressignifiquei o amor tantas vezes.

eu já achei que era amor o que eu sentia por
alguém que intensificava os meus medos e a minha
ansiedade, que contava mentiras em tons de
"eu te amo" pra que eu pudesse acreditar que o amar
era duvidar da minha intuição e dos meus sentidos
e confiar em alguém que só queria me usar.

eu tive que ressignificar o amor que eu
achei que sentia, mas sentia sozinho.
eu tive que ressignificar o amor que acreditei ser o suficiente
pra manter uma relação e desconsiderei todo o resto.
eu tive que ressignificar o amor que apenas eu ofereci e
que por muitas vezes acreditei que estava sendo retribuído,
mas me deparei diversas vezes sozinho e usado.
eu tive que ressignificar o amor e parar de achar que ele é
tudo de que eu preciso e que mereço.

é por isso que hoje eu custo dizer "eu te amo" pra
alguém. porque pra mim amar está no ato.
é prestar atenção no outro, a ponto de você saber
os pontos que precisam de cuidado, é ter empatia
ao tocar as inseguranças e os traumas do outro,
é ouvir o que o outro tem a dizer, mas jamais
usar isso como arma pra ofender.
é fazer algo que o outro gosta e que não precisou te
dizer porque você observou o suficiente pra fazer.

eu tive que ressignificar o "eu te amo" porque por muitas
vezes eu senti e falei, e depositei tantas expectativas
numa frase que me vi insistindo e me metendo
em relações que só me machucavam. e por muitas
vezes quem me disse isso foi quem me golpeou.

dizer “eu te amo” ou ouvir “eu te amo” de alguém é bom, mas o que me mantém é enxergar o amor nas atitudes.

nas pequenas atitudes.
a gente se despede de pessoas.
do que sentimos, não.

(sentimentos a gente ressignifica.)

VOCÊ MERECE SE CURAR.

você merece se curar. e você merece seguir em frente também, porque quem te machucou vai seguir.

quem te decepcionou vai continuar a vida como se não tivesse decepcionado.
quem te quebrou vai continuar inteiro
e é você quem vai precisar se reconstruir.
então se dê as mãos e permita sentir tudo o que tiver pra sentir, porque só assim vai passar um dia.

você merece se curar porque você é digno de receber amor da melhor forma outras vezes, e você vai receber. você merece se curar porque você sempre oferece o melhor ao outro.

e porque você merece um amor que aumente a sua autoestima, não a sua insegurança.
que enalteça a sua beleza, e não algo que intensifique os seus medos. um amor potente e com uma força desmedida que cuide das suas cicatrizes em vez de tirar a casca e sangrar com as suas inseguranças. que perceba os seus detalhes e valorize a sua presença, não que te diminua e te faça duvidar da sua essência.

você merece se curar e provar o melhor
que o amor tem pra te oferecer.
tanto com outros quanto consigo mesmo. se amando sem medo, como se nunca tivesse precisado se curar.

porque você merece que o amor invada cada espaço do teu peito, que preencha cada poro do teu corpo. e você merece se curar por você. pra que continue tendo a audácia de continuar sendo você, do jeito que você é, e fazer com que os outros continuem tendo o privilégio de te conhecer. você merece se curar não exatamente pelas relações e pessoas e sentimentos que de alguma maneira te fizeram se perder ou você errou a mão, mas sim porque você precisa continuar tentando.

a tua cura começa quando você decide cuidar de você. quando você respeita os seus limites e se permite deixar fora do peito o que machuca.

e você merece se curar.

VOCÊ É O SEU

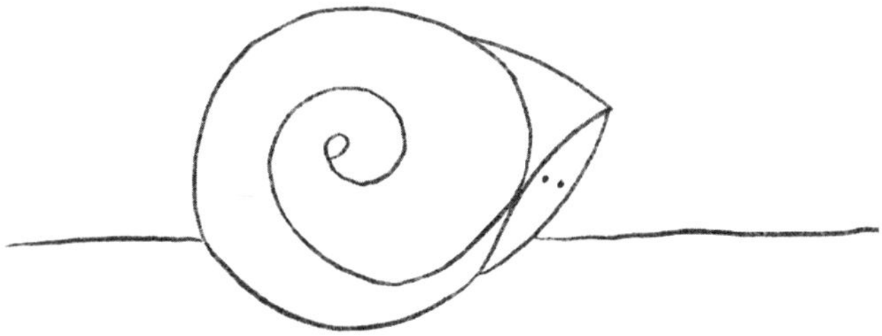

PRÓPRIO LAR.

NEM TUDO O QUE AMA É O QUE TE FAZ FELIZ.

outro dia eu li uma frase que dizia "nem tudo que você ama é o que te faz feliz".

e lembrei de todas as vezes que eu insisti em relações que não me faziam bem, só porque eu ainda gostava. e todas as vezes que me submeti a aceitar lugares que só me diminuíam, só porque eu queria ficar.

e eu preciso te dizer que o amor tenta te avisar que você precisa ir, todas as vezes que você aperta o teu peito empurrando pra dentro alguém que te aperta do lado fora. que o amor tenta segurar a tua mão, e te falar olhando em teus olhos, que você precisa voltar, todas as vezes que você se coloca pra trás em troca do amor de alguém só porque acha que é o suficiente.

que o amor tenta abrir os braços pra você, todas as vezes que você não se leva a sério e permite que alguém te machuque. e quando se submete a dar novas chances pra que esse alguém te machuque novas vezes.

e você ignora. você não percebe.

porque o amor ele tem teu número, ele sabe o teu endereço, ele conhece as suas fraquezas e os seus pontos fortes também. o amor sabe da tua capacidade e do teu potencial pra recomeçar, ele sente as suas marcas e suas dores, ele entende os seus processos, e compreende o que você passou porque ele estava do teu lado todas as vezes que você falhou consigo mesma, e todas as vezes que desacreditou dele pra acreditar nas promessas dos outros.

o amor te aceita de volta, pra cuidar de você, pra te acolher, e te ensinar a reconhecer que você é foda pra caralho e que merece o melhor. nada menos que isso.
e ele te aceitará milhares se for preciso, pra te dizer que você vai errar com você outras dezenas de vezes, mas que é ao teu próprio lado que você vai precisar estar e aprender que: nem tudo que você ama é o que te faz feliz.

e que você precisa voltar quando isso acontecer.

EXISTE UMA VERDADE COM QUE NINGUÉM CONSEGUE LIDAR: A GENTE É SUBSTITUÍVEL.

desculpa a sinceridade, mas ninguém, absolutamente ninguém é insubstituível. por mais incrível que você seja, você é sim substituível, mas lembre-se que você não deixa de ser foda por isso.

acho que quando a gente entende que se relacionar não é sobre ocupar um espaço e achar que aquele espaço que alguém te cedeu te pertence como prioridade. porque a verdade é que aquele espaço: não é seu.

outras pessoas vão ocupar. outras relações vão acontecer.

isso não significa que você não tem valor só porque você não ocupa mais um espaço na vida de alguém que você achou que continuaria ocupando.

e por mais que cada pessoa seja única na vida da outra, ninguém é insubstituível. as pessoas vão ocupar lugares de outras pessoas, algumas relações vão acabar pra que aconteçam outras ainda melhores, alguns ciclos vão precisar ser fechados pra iniciar outros.

e eu não tô dizendo que você não é importante. perceba: a importância da gente não está exatamente no lugar que a gente ocupa nas relações, ser importante não se baseia na aprovação dos outros. você é importante pela infinidade de coisas que carrega dentro de si. você é importante pela empatia que você tem, pela maneira que conversa, pelo jeito que você transmite a tua energia, pelo tanto que ensina e aprende dentro das relações, pela forma que você cuida de si e dos outros entre tantas outras coisas.

eu quero dizer que, ainda que você tenha deixado marcas bonitas na vida de alguém, o lugar que você ocupou pode ser ocupado por outra pessoa. e isso não significa que a gente não seja incrivelmente foda. a gente vai continuar ocupando outros espaços, com outras pessoas, em outras relações.

porque a gente muda, as relações se transformam, nossas prioridades também mudam, e durante esse processo novas pessoas chegam, novos ciclos começam, novas relações acontecem enquanto outras se perdem no meio do caminho.

ainda que você carregue consigo a sua essência, e tenha infinitas qualidades, e jeitos encantadores, e manias marcantes. embora único, ninguém é insubstituível.

eu me arrebento a cada fim de ciclo.

eu me refaço a cada recomeço.

DIZEM QUE QUANDO VOCÊ NÃO TEM RANCOR VOCÊ CONSEGUE RECOLOCAR QUEM TE MACHUCOU NA TUA VIDA.

pra mim, você precisa ter inteligência emocional o suficiente pra entender que rancor não te faz bem, e que você não tem obrigação de manter quem te machucou só pra provar que não tem rancor.

as duas coisas não fazem bem: nem o rancor nem a pessoa que te machucou. e é exatamente sobre as duas coisas que você precisa manter livre e distante da tua vida. sobre marcas e inteligência emocional.

e sobre segundas chances, eu particularmente preciso pensar mil vezes antes de dar segundas chances. porque nem todo mundo que tem a oportunidade de se corrigir de fato tem a disposição de fazer. e porque acredito que existe uma linha tênue entre "dar chances" pra alguém fazer diferente e a pessoa "não te levar mais a sério" por conta das chances que você deu.

é como se eu estivesse dizendo pra pessoa que me machucou, uma, duas, três vezes, que ela tem um novo passe pra me machucar de novo.

é claro que existem pessoas e pessoas. é difícil pagar pra ver e às vezes custa caro demais. maturidade também é sobre ter coragem de tentar, mas também é sobre saber parar de tentar quando alguém não te leva mais a sério. é sobre ter inteligência emocional o suficiente pra aceitar que a distância às vezes é o melhor. é sobre você entender que a sua saúde emocional importa mais do que as chances que você dá pra alguém continuar te machucando só porque você ama.

em resumo,
não dê segundas chances se ainda existe rancor.
não dê segundas chances se ainda dói.
não dê segundas chances pra quem não te leva a sério.

eu entrei numa crise comigo mesmo quando descobri que eu não conseguiria apagar ninguém da minha vida, muito menos esquecer algo que me marcou. a única maneira de seguir em frente é aceitando o fim, transformando e ressignificando as coisas.

eu já me cobrei tanto pra esquecer relações, pessoas e sentimentos quando eu deveria começar a ressignificar isso. porque só assim eu aceitaria o processo de tornar indiferente, algo que não me atinge e nem me dói mais.

a gente não precisa se cobrar e se forçar a esquecer algo que marcou porque sinceramente isso não vai acontecer. o processo só se torna ainda mais cansativo.

e não precisa ser assim.

se permitir seguir em frente e aceitar que acabou, que perdeu o sentido, e talvez a gente nunca esqueça algo que a gente viveu, mas a gente supera. a gente consegue colocar certas lembranças numa caixinha que não faz diferença alguma pra vida da gente.

não sei se isso faz sentido pra você agora,
mas vai fazer todo sentido quando você superar.

A GENTE SABE QUE AS PESSOAS SÃO TEMPORÁRIAS, QUE RELAÇÕES ACABAM, QUE CICLOS SE FECHAM, MAS A GENTE NUNCA SABE COMO ACEITAR ISSO.

eu sempre digo que a gente nunca está cem por cento preparado pra fechar um ciclo. é um processo até aceitar que precisa deixar ir, que a gente tem que aprender a preencher os espaços que ficam, e pra que novas coisas aconteçam, a gente precisa se desfazer de outras.

eu já tive uma dificuldade enorme de partir de relações pesadas por medo de enfrentar o peso do vazio depois. já tive medo de pôr um fim em algo que não me fazia bem porque eu tinha preguiça de ter que enfrentar o processo de me desprender de algo que eu já tinha me acostumado.

a gente se acostuma e, quando menos percebe, está em lugares que impedem a gente de simplesmente ser a gente, em relações que nos afastam de quem somos. e não tem que ser assim.

nunca é fácil aceitar que acabou. não é leve entender que precisou abrir mão. não é tão bonito perceber que você precisa deixar de querer o que você queria. mas às vezes é necessário.

a gente tem que parar de ter medo de seguir sozinho. porque a vida não para pra gente descer, o tempo corre, a vida passa, e a gente precisa ter coragem de olhar pra gente e dizer: "eu tô contigo. vamos!".

eu já tive muito medo de não conseguir me reencontrar, e me reconstruir, e me guiar, mas a gente consegue. e é justamente por isso que eu valorizo a minha liberdade, que eu admiro a minha coragem.

é preciso ser autêntico pra fechar os ciclos que precisam ser encerrados. porque a vida passa e você não merece perdê-la assim.

já me preocupei tanto com o outro a ponto de tomar decisões que me machucavam, só pra não ver o outro machucado. e o que eu ganhava em troca? só marcas e mais machucados.

é por isso que eu digo: você precisa colocar as coisas na balança pra entender o peso das situações.

e entender: as suas escolhas te acolhem ou te machucam? você se submete a passar por certas situações e acaba se machucando por pensar demais no outro? o que o outro faz por você?

conclusão: às vezes a gente precisa escolher soltar. e você não se torna ruim por isso. às vezes é sobre você escolher você. e inevitavelmente, nessa escolha, alguém pode sair machucado.

infelizmente.

que vá pra casa do caralho essa minha tentativa
de me culpar por coisas que não dependem
de mim e que não estão ao meu alcance.

namastê.

CARTA DE DESCULPAS A MIM MESMO.

eu quero te pedir desculpas por todas as vezes que percebi a tua ferida sangrando e te machuquei ainda mais, quando eu poderia ter te acolhido e entendido que a minha própria companhia era a cura pra muitas das minhas marcas.

eu quero te pedir desculpas pelas vezes em que eu não permiti que algumas relações acabassem, porque eu não estava preparado pra ficar apenas comigo ou porque eu achava que o amor dos outros era mais importante que o meu próprio amor. desculpa por ter aceitado promessas e acumulado sentimentos que não me faziam bem, só porque eu acreditava que o fim doeria mais do que recomeçar. mas agora eu já entendi que o recomeço transforma. e estou pronto pra te (me) dar as mãos e seguir comigo.

desculpas por todas as vezes que duvidei de você quando coloquei o que eu sentia pelo outro a frente do que eu precisava sentir por mim. e então eu duvidei da minha intuição, da minha intensidade, da minha essência e do meu tamanho. agora eu entendo que ouvir o que o meu corpo diz e o que os meus sentimentos tentam me falar, não é egoísmo. é autocuidado.

desculpa por ter pensado em desistir de você, por ter cogitado a possibilidade de abrir mão do amor,

e por tentar te proibir de se apaixonar de novo.
eu fui entendendo que ser vulnerável é natural. e sentir ainda é a única prova que eu tenho de estar vivo.

me desculpa por ter alimentado tantas expectativas e se frustrado tanto. admito, às vezes, o erro está em mim por ter expectativas demais. e eu aceito e me perdoo por ser assim. eu aprendi a esperar de mim e a fazer a minha parte, porque é isso que está ao meu alcance. e entendi também que eu não devo me culpar pelo outro. eu não posso implorar por afeto. e me desculpa pelas vezes que te fiz implorar.

eu te peço desculpas.
eu te perdoo também.

eu aprendi que se amar é também entender que nem sempre a gente vai acertar. e tudo bem. a gente precisa se perdoar. perdoar as nossas expectativas. perdoar quando a gente se submeter a relações que machucam. é se abraçar mesmo que às vezes você não goste de você. porque você é tudo o que tem. e desculpa por esquecer disso às vezes.

eu te (me) amo, porra!

SE MESMO QUEBRANDO A CARA VOCÊ AINDA CONSEGUE RECOMEÇAR E SER AMOR OUTRAS VEZES: VOCÊ É FORTE PRA CARAMBA!

mesmo que às vezes seja difícil acordar e se gostar ao ver a sua imagem refletindo no espelho.

mesmo que você não compreenda como sempre acaba sozinho, dando muito de si pros outros e muitas vezes recebendo tão pouco.

mesmo que você não consiga entender como as pessoas podem mentir pra você olhando em seus olhos, quando você só consegue dizer aquilo que o teu peito te conta. sem fingir. sem machucar.

perceba que a cada pessoa que passa pela sua vida, que toca o teu corpo e depois vai embora como se nunca tivesse te conhecido, você continua tendo coragem de mostrar que dentro de você há excesso de amor.

mesmo que você se pergunte:
"por que as pessoas com quem eu me envolvo são tão rasas?".
porque quase sempre é assim. não é?

eu espero que você olhe mais pro lado de dentro e
perceba que a saída das pessoas da sua vida não diminui
o tamanho de quem você é. que você reconheça que
ficar ao seu lado é um privilégio que só você tem.

então admire mais isso.
se acolha mais. se aceite mais.

porque se mesmo com todos os calos que os seus pés
possuem, e todas as marcas que o teu peito carrega,
você ainda consegue ter tempo pra redescobrir a sua
capacidade de sentir. se mesmo quebrando a cara você
ainda consegue ter forças pra recomeçar e transbordar
amor outra vezes, eu preciso te dizer que isso já é muito.

e você é foda pra caramba!

EU ERREI COMIGO DE TANTO QUERER ACERTAR COM OS OUTROS.

quantas vezes eu me vi em pedaços e mesmo assim insisti em continuar em relações que acabavam comigo, em troca de um amor que me prometiam? quantas vezes eu sabia que aceitar que certas pessoas ficassem em minha vida não me curaria de nada, mas sim me traria ainda mais machucados e, mesmo assim, eu me permiti passar por isso?

eu já errei muito comigo até aqui.
e, talvez, ainda erre algumas vezes.
mas espero sempre lembrar que eu preciso escolher a mim.

e eu não quero mais olhar pra trás e me ver pedindo socorro, enquanto eu sigo dando as mãos pra quem nunca se importou comigo.

eu não quero mais ter que carregar comigo os machucados que a insistência me traz, eu prefiro seguir em frente e sentir a dor de me ver sozinho mais uma vez, porque eu sei que, quando passar, eu vou entender o que o meu amor é capaz de fazer. eu vou entender que eu tenho potencial pra me reconstruir, e que terei orgulho de cada nova parte de mim.

eu não quero mais alimentar a falsa sensação de ser importante pra alguém só porque eu aceito qualquer coisa por medo de não conseguir nada além disso.

eu quero e vou me olhar com mais respeito e cuidado, eu quero e vou reagir a qualquer pessoa, sentimento e relação que tente me tirar de mim. eu quero sentir o amor latente em meu peito e todas as reações boas que o amor pode me proporcionar, porque eu mereço.

eu quero ter atenção com aquilo que ofereço, e principalmente com o que aceito receber do outro, quero não mais me submeter a relações desonestas, e nunca mais antes de dormir duvidar da minha capacidade só porque alguém partiu, ou não fez o que eu gostaria de receber.

eu quero poder fazer por mim aquilo que gostaria que os outros fizessem, e que isso se torne tão natural que eu não precise me diminuir, me culpar, ou me desgastar só em pensar na possibilidade de cobrar do outro o que deveria ser espontâneo.

eu quero caminhar ao meu lado e que a relação comigo mesmo seja leve, pra que quando for pesado com alguém eu saiba exatamente o que fazer.

ficar comigo e partir do outro.

VOCÊ NÃO PRECISA SE CULPAR TANTO TODAS AS VEZES QUE OS OUTROS ESCOLHEM IR EMBORA.

vamos falar sobre você?

você que anda se culpando mais do que se perdoando. você que se maltrata sempre que alguém não fica o tempo que você esperava. que se questiona e duvida da sua capacidade, do seu corpo, da sua essência.

você que se pergunta a cada pessoa que parte:
o que foi que eu fiz dessa vez?

eu quero te falar umas coisas:

primeiro, compreenda que o seu amor, por mais intenso e sincero que possa ser, às vezes será recusado ou maltratado. e eu sei que isso dói, e que você não consegue entender por que o outro não aceitou.

já parou pra pensar que, se o outro não sente o mesmo por você, as coisas não acontecem? e é melhor mesmo que não aconteçam. que se encerrem, vai por mim.

depois comece aceitando também que algumas vezes não vai ser no tempo que você quer.
e você não precisa se martirizar por isso. as coisas acontecem quando precisam acontecer. no tempo certo, porque assim é melhor. é mais leve.

para de pensar que o teu corpo fez alguém partir. que o teu jeito fez alguém perder o interesse. que a tua intensidade assustou. você não precisa se culpar todas as vezes que os outros escolhem ir embora. as pessoas vão partir, se assim quiserem. e é melhor que você entenda isso.

o que fazer? viva o que tiver pra viver. da forma mais profunda e intensa que você sabe muito bem. se não for pra ser, abra passagem pro outro ir. tá tudo bem chorar no outro dia, sentir falta durante um tempo, mas você não precisa implorar pra que fiquem ou segurar as pessoas por medo de perdê-las.

a prioridade sempre foi não se perder, lembra?

o que importa é que você não perca a sua essência mesmo com tanta gente rasa que passou por você.

eu não te conheço, mas eu sei que, se você leu até aqui, é porque você é afeto. e ser afeto nos dias de hoje é foda pra caramba.

TODO MUNDO FALA “CALMA, VAI PASSAR”, MAS NINGUÉM TE CONTA SOBRE O QUANTO VAI DOER POR DENTRO E POR FORA DE VOCÊ, O QUÃO DÓI SE DESPRENDER DE ALGO, RESSIGNIFICAR OS SEUS SENTIMENTOS E RECOMEÇAR PRA SEGUIR A SUA TRAJETÓRIA.

todo mundo fala sobre se curar, sobre superar as dores, sobre amadurecer com os machucados. mas o que ninguém te conta é que você estará sozinho nesse processo. é você quem vai cuidar das suas dores. é você quem vai estar lá, do teu próprio lado, tentando reerguer tudo. sozinho.

todo mundo fala "fica calmo, vai passar", mas ninguém te conta sobre o quanto vai doer por dentro e por fora de você, o quão dói se desprender de algo, ressignificar os seus sentimentos e recomeçar pra seguir a sua trajetória.

você sente isso no cru. e é por isso que eu sempre digo: esteja com você, se perdoe sempre que for preciso (e sempre é preciso). se olhe com mais afeto e tente entender que o seu tempo, às vezes, não vai te acompanhar, o tempo vai tropeçar em você, vai te atropelar, você vai sentir como se nunca fosse passar, e vai se perguntar: "por que eu ainda sinto a dor como se fosse ontem?".

e vai ser ao teu lado que você terá todas essas respostas.

talvez você conheça uma nova força que você jamais pensou que tinha, talvez você finalmente se enxergue e entenda que o teu amor, a tua saúde mental, e tudo o que você carrega contigo é o seu poder e é sobre isso que você vai aprender pra não continuar abrindo mão de quem você é pra tentar se encaixar em algo que o outro gostaria que você fosse.

todo mundo fala quão dói se desprender sobre o que você precisa fazer pra se recuperar de um término. mas o que ninguém te conta é que você vai se sentir inseguro mesmo que você saia com os seus amigos. você vai achar que ninguém mais vai te querer mesmo que você perceba as pessoas te querendo. você vai duvidar de você porque alguém recusou o teu amor. mas isso tudo são processos.

o autoconhecimento é como tocar as nossas feridas até que elas sarem, é como se você rasgasse sua pele antiga sem anestesia, sabe? dói. mas é em você que vai doer. é você quem vai sentir.

e é exatamente por isso
que, pra passar,
você precisa de você.

melhor sozinho do que
me sentindo sozinho
estando com alguém.

SE POUPAR ÀS VEZES É NECESSÁRIO.

eu queria contar um pouco sobre as minhas últimas experiências de relacionamentos.

sobre um erro que eu frequentemente cometia comigo mesmo e o quão caro me custou persistir nesse erro.

por muito tempo eu me culpei por me envolver com pessoas que mentiam, por agir com tamanha transparência e sinceridade e no final das contas receber mentiras e manipulação, por desejar construir uma relação leve e acabar sempre me acumulando com relações pesadas.

e sabe onde estava o problema?

justamente nessa minha mania de querer ser transparente e sincero ao extremo. de entregar pro outro absolutamente tudo que tenho dentro de mim logo de cara. de me abrir por completo, de mergulhar de cabeça, de querer ser intenso sem perceber que, na verdade a minha intensidade acabava comigo. e que esse meu jeito de me escancarar pros outros, na verdade, era só um jeito irresponsável de abrir a porta pra que a pessoa pudesse entrar e tocar os meus mais íntimos segredos, as minhas inseguranças e os meus traumas.

e eu cansei de querer dar tudo de mim pra alguém, de mergulhar por inteiro, de mostrar as minhas feridas e permitir que arranquem a casca, cansei de querer viver ao máximo absolutamente tudo, porque eu aprendi que nem tudo se dá pra viver ao máximo, e que algumas coisas são só naquele momento, naquela hora, não dá pra levar adiante e é melhor que seja assim.

cansei de mostrar as minhas marcas achando que isso faria os outros terem mais cuidado com o meu afeto, quando, na verdade, eu só estava falando sobre as minhas fraquezas e as minhas partes manipuláveis. cansei de me despir do medo e falar sobre o que eu já passei, porque isso não vai evitar que o outro me machuque, e às vezes eu preciso do medo pra me salvar, porque a minha intensidade me cega dos perigos.

e aí é que está o perigo.

eu aprendi isso da pior forma, depois de tanto me sabotar e me questionar: "por que eu sou sempre tão aberto e em troca as pessoas mentem e manipulam?". aprendi a não ser tão irresponsável assim comigo de novo, e entendi que me poupar é necessário. porque a intensidade que achava que tinha, na verdade, às vezes era só inconsequência.

quando você entende que não precisa buscar respostas pra tudo, nem questionar, nem tirar satisfação, teu peito fica mais leve! te sobra tempo pra viver a tua história em vez de buscar opiniões dos outros pra viver o que os outros acham que você deveria viver.

SE VOCÊ OLHAR BEM, VAI APRENDER QUE SÓ PORQUE ALGUÉM FALHOU CONTIGO NÃO SIGNIFICA QUE VOCÊ PRECISA FALHAR COM VOCÊ.

em algum momento da sua vida você vai aprender a aceitar coisas, e recusar muitas outras coisas também.

você vai perceber que amadurecer às vezes não é tão agradável quanto parece ser, às vezes dói mais do que a gente imagina, porque é um processo que a gente precisa arrancar coisas que talvez, por apego, carência ou costume, a gente insistiu em ter. e às vezes vai um pedaço da gente junto.

você vai aprender a aceitar também que não adianta querer muito, as coisas não vão mudar mesmo que você ainda ame pra caralho, e é justamente o seu amor que vai te ensinar que existe uma diferença muito grande entre querer amar alguém e precisar amar você primeiro.

vai ter um momento da sua trajetória que você vai encontrar muitas pessoas. você vai aprender com algumas dessas pessoas e vai ensinar também. você vai perceber o teu corpo se expandindo, você vai sentir o teu peito exigindo mais amor e a tua maturidade estendendo os braços pra te acolher, porque você vai compreender que você é a parte mais incrível de toda a sua trajetória.

mas o que ninguém te conta é que de todas essas pessoas, relações e amores que vão existir na sua vida: você vai seguir sozinho.

e o cruel nessa sua trajetória é que você vai se culpar. você vai se diminuir por não ter pessoas que você gostaria de ter ao seu lado. por não ter conseguido, mais uma vez, ficar por mais tempo do que gostaria em uma relação. por ter se dedicado tanto a alguma coisa e, no final, não ter saído como você queria. por ter dado amor e não ter sido recíproco.

você vai se culpar. mesmo que inconscientemente. e o foda é que você vai fazer isso muitas vezes da sua vida.

mas, se você olhar bem pra si mesmo, vai aprender que só porque alguém falhou contigo, isso não significa que você precisa falhar com você também.

SEJA BOM OU VÁ EMBORA

eu realmente não consigo mais ter paciência pra assumir relações que, de alguma forma, tentem me desequilibrar, me machucar, ou me fazer duvidar de quem eu sou agora.

eu já permiti que muita coisa acontecesse comigo porque eu acreditava no amor dos outros. eu já perdi muitas noites de sono por não conseguir conter os traumas que me causaram. eu já me olhei diversas vezes e não me aceitei porque eu queria que o outro me aceitasse primeiro.

depois de tanto apanhar, eu entrei num pacto comigo mesmo: tudo. absolutamente tudo que tentar me quebrar ou desdenhar do meu amor não merece o meu tempo nem a minha presença.

e eu tenho levado isso muito a sério, porque acho que eu mereço viver o bom, o leve, o que flui. não dá mais pra ficar insistindo em querer aquilo que eu sei que não vai me levar a lugar algum, e, se me levar a algum lugar, será distante demais de mim mesmo. não dá mais pra tentar manter relações só porque eu acho que um dia elas vão melhorar e me fazer bem. não dá pra continuar se esforçando tanto por pessoas que não se importam.

eu tenho pressa pra viver o que me espera. e eu sei que o que me espera será melhor do que alguém ou alguma relação que me impeça de seguir os meus passos.

eu só quero se for pra ser bom.
se não for, prefiro que vá embora.

as pessoas dão sinais de desinteresse.
você só precisa ter maturidade pra aceitar,
enxergar e principalmente entender que tá
tudo bem alguém deixar de te querer.

ninguém é obrigado a gostar de você assim.

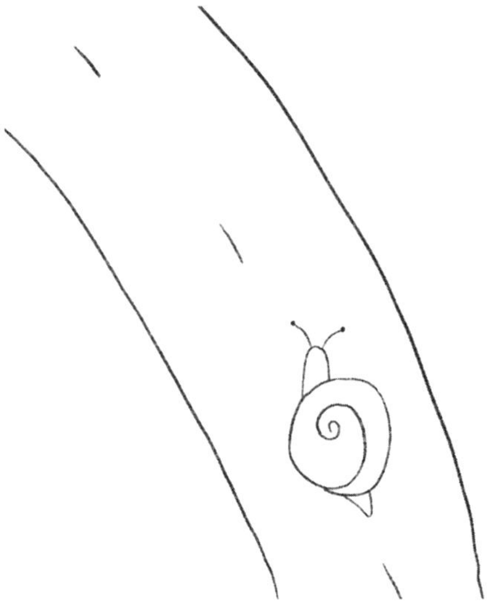

eu acho que, independentemente da relação que a gente teve, independentemente de como acabou, a gente precisa ter maturidade pra enxergar os nossos erros também, porque só assim a gente consegue melhorar e se transformar pra si e pras próximas relações.

maturidade pra enxergar as vezes em que você priorizou demais uma relação que não te fazia bem, ou projetou expectativas demais em sentimentos pequenos.

maturidade pra enxergar os momentos em que você não se levou tão a sério, e não ouviu a sua própria intuição. maturidade pra entender quando o teu corpo te pedia paz e calma, e você insistiu na tempestade e na pressa, por querer que desse certo algo que já tinha dado tão errado.

maturidade pra proteger o teu peito e ter coragem de sentir, e o mais importante, ter coragem de abraçar o que você sente. porque você é importante. porque você precisa ser a sua prioridade.

maturidade pra enxergar todas as vezes em que você errou contigo, pra que você não cometa os mesmos erros de novo. e de novo.

se enxergar pra que você possa ter uma relação leve e responsável consigo mesmo.

CARTA DE AGRADECIMENTO A MIM MESMO.

eu sei que às vezes eu te decepciono e que eu faço você se perder em meio a tantas expectativas e inseguranças. mas eu queria te agradecer por ser você.

por você ter a habilidade de se reconstruir mesmo depois de algo tentar te destruir. mesmo depois de uma relação que te deixou perdido. mesmo depois de um sentimento que te correu por dentro. mesmo depois de mais uma tentativa que não deu muito certo.

eu quero te agradecer por você entender quando chega a hora da partida, quando você sabe reconhecer que deu o seu melhor e quando você olha pra si mesmo e diz: "não dá mais, eu preciso ir". porque é nesse momento que eu percebo a tua coragem. e eu quero te agradecer por isso também. por ter coragem de colocar os limites necessários, de dizer "eu não mereço isso", "eu não preciso disso", "eu não tenho que aceitar isso". eu agradeço pela coragem que você tem de buscar o melhor pra você, de aceitar somente aquilo que te acrescente.

eu agradeço por você ser leal a quem você se permite amar, e principalmente por você ser leal a você e jamais colocar em jogo a sua estabilidade emocional em troca de promessas de ninguém.

eu quero te agradecer por todas as vezes em que você se viu sozinho, e, por mais que não soubesse o que fazer, você tentou se curar. você tocou as suas feridas e percebeu o que precisava pra cicatrizar: você.

te agradeço por todas as vezes que você teve a oportunidade de se sabotar – e até se sabotou – mas soube parar e entender que às vezes, por mais que você tente, não vai ser o suficiente, por mais que você queira, não depende só de você.

sabe todas aquelas vezes que você esperou que os outros fizessem por você ou que te dessem no mínimo o que você oferecia e você acabou recebendo alguns machucados? então, eu te agradeço por entender que não era sobre você e que os outros só oferecem aquilo que têm. no final das contas era sobre o outro. sobre como ele compreendia o amor e sobre como te entregava isso.

você fez a sua parte em todas as suas tentativas. você deixou a sua marca bonita todas as vezes que você esteve presente.

ou ao menos tentou.
e eu te agradeço por isso.

e te peço pra que siga em frente, aproveite as possibilidades que a vida te proporcionar, segure na sua própria mão e se guie até onde você quer chegar, segure seus sonhos, carregue seus planos com você, não cometa o erro de abrir mão de você novamente, siga em frente, porque agora a sua jornada é só sobre você.

MÚSICAS CITADAS NO LIVRO

"Um corpo no mundo". Interpretada por: Luedji Luna. Escrita por: Luedji Gomes Santa Rita (Luedji Luna). Fonte: YB Music.

"Queima minha pele". Interpretada por: Baco Exu do Blues e Tim Bernardes. Escrita por: Diogo Álvaro Ferreira Moncorvo (Baco Exu do Blues). Fonte: 999.

LEIA TAMBÉM

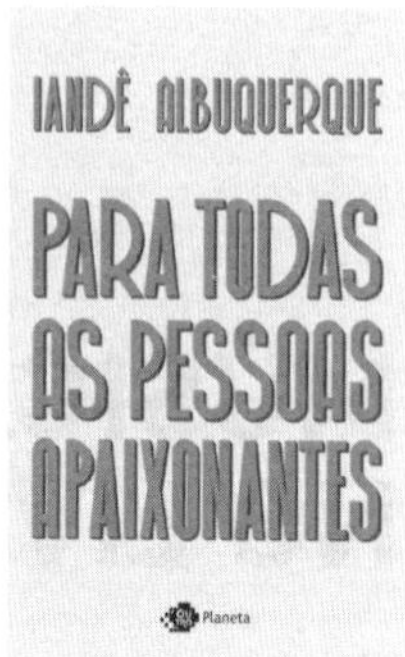

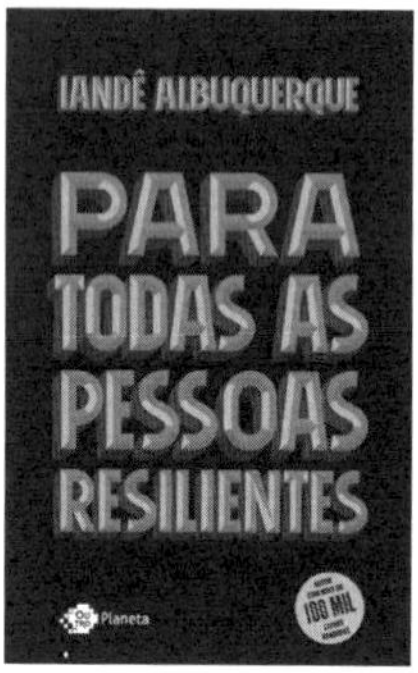

Acreditamos
nos livros

Este livro foi composto em Adobe Garamond Pro e impresso pela Lis Gráfica para a Editora Planeta do Brasil em janeiro de 2026.